AGNES MIRIAM BOEING

Eigene Wege finden

Eine Orientierungshilfe zur Unterscheidung zwischen
destruktiven und hilfreichen Formen der Spiritualität und
Esoterik

IKS GARAMOND

*In freundlicher
Erinnerung an unser
Pfingsten in Benediktbeuren
Rosi Boeing*

Die deutsche Bibliothek – CIP-Einheitsaufnahme

Boeing, Agnes Miriam:
Eigene Wege finden. Eine Orientierungshilfe zur
Unterscheidung zwischen destruktiven und hilfreichen
Formen der Spiritualität und Esoterik / von Agnes
Miriam Boeing. –
Jena: IKS Garamond, 2000
ISBN 3-934601-08-1

©IKS Garamond Jena 2000

für meinen Vater

Danksagung

Zuerst gilt mein Dank all denen, die mich bisher auf meinem religiösen und spirituellen Weg begleitet und unterstützt haben, dazu gehören in erster Linie die Emmericher Anke, Antje, Claus, Clemens und Michael R. und die Mitglieder der Bielefelder Gruppe MENSCHHEIT 21, Gisela, Johanna, Mathilde, Reinhardt, Rolf, Rose und Veronika.

Während meiner Sektenzeit führte Silvia langwierige und nervenaufreibende Diskussionen mit mir – die letztlich doch etwas bewirkt haben. Sie machte aus dem Mantra OM kurzerhand OMA – und wollte aus mir eine Anhängerin eines matriarchalen Kultes machen, was aber bis heute nicht gelungen ist. *DankSieSschön!*

Beim Ausstieg aus der Sekte haben mir besonders Willibald D., Manuela, Katharina aus Bad Salzuflen und Bettina M. aus Bochum geholfen – dies weiß ich ganz besonders zu schätzen.

Klaus Ingenpaß, Sabine Rolf, Hubert Backes, Thomas Geist und Christine Koch haben mich beim Verfassen des Buches durch Rückmeldungen zum Inhalt besonders unterstützt – auch bei ihnen möchte ich mich von Herzen bedanken.

Anregungen und Hinweise zum Text habe ich zudem von Eike, Ellen, Orlinde, Resi, Tommi aus Berlin, Ulle, Uschi und Willi erhalten. All diese Gespräche waren wichtig und hilfreich für mich.

Professionelle Beratung und ausgezeichnete Unterstützung in Sachen Texterstellung habe ich bei meiner Lektorin Alexandra Busch gefunden – ohne sie wäre das Manuskript wieder in einer Schublade gelandet. Mein ganz herzlicher Dank!

Weiterhin haben mich die Mitarbeiter des Sekten-Info Essen e.V., insbesondere Herr Dipl. Psych. Müller und Herr Dipl. Psych. Dieter Rohmann aus München durch eine sorgfältige fachliche Prüfung des Manuskriptes unterstützt – ihnen gilt mein ganz besonderer Dank.

Freiheit ist großartig, macht aber viel Arbeit.
(Aussage eines Sektenaussteigers)

Inhaltsverzeichnis

1 **Vorwort**   1
    1.1   Meine persönliche Verbindung zur Spiritualität und Esoterik.................. 1
    1.2   Warum dieses Buch?............... 4
    1.3   Wie dieses Buch geschrieben ist......... 5

2 **Einleitung**   9
    2.1   Bedeutung verwendeter Begriffe........ 9
    2.2   Religionsfreiheit.................. 14
    2.3   Psychotherapie, spirituell-esoterische Wege und Sekten..................... 14

3 **Motive für spirituell-esoterische Wege**   17

4 **Notwendige Qualitäten von Leitenden und Lehrenden spirituell-esoterischer Gemeinschaften und das Einschätzen dieser Qualitäten durch Mitglieder und Lernende**   33
    4.1   Der Beginn: Die Begegnung mit Lehrenden spirituell-esoterisch Richtungen......... 34
    4.2   Verantwortung akzeptieren 40
    4.3   Authentizität.................... 42
    4.4   Seriosität 45
    4.5   Respekt....................... 46
    4.6   Abhängigkeit 50
    4.7   Entscheidungen 54
    4.8   Kontakt und Austausch 56
    4.9   Zusammenfassung 58

5 **Spirituell-esoterische Aussagen oder Lehren – grandioser Einfall oder großer Reinfall?**   61
    5.1   Grundsätzliche Hinweise zur Betrachtung spirituell-esoterischen Lehren 61
    5.2   Anregungen zur Überprüfung und Bewertung einer spirituell-esoterischen Lehre ... 61
    5.3   Kleine Ursache, große Wirkung? 68
    5.4   Selbstliebe und Nächstenliebe verbinden .. 69
    5.5   Dämonen verstehen und die Teufel umarmen 72
    5.6   Trost finden bei Krankheit und Tod 74
    5.7   Der Weltuntergang 78
    5.8   Zusammenfassung 79

6 Kapitel: Anhängerinnen und Anhänger spirituell-esoterischer Gruppen – authentische Menschen oder ferngesteuerte Wesen? 81
   6.1 Spürbare Liebe und Wärme 81
   6.2 Kontakte zu Befreundeten und Angehörigen 83
   6.3 Die Bedeutung einer leitenden Person 85
   6.4 Humanitäres Engagement 85
   6.5 Toleranz 86
   6.6 Zusammenfassung 87

7 Wie können sich Interessierte vor Sekten und deren Strategien schützen? Und: Was bringt sie auf dem spirituell-esoterischen Weg weiter? 89
   7.1 Eigene Ideale und Werte 89
   7.2 Selbstverantwortung 92
   7.3 Akzeptanz der eigenen Gefühle 95
   7.4 Das eigene Tempo 99
   7.5 Arbeit akzeptieren 101
   7.6 Zusammenfassung 102

8 Strategien von Sekten – verstehen und überwinden 103
   8.1 Strategien von Sekten aus psychologischer Sicht 103
   8.2 Zusammenfassung 108
   8.3 Die Abhängigkeit von der Sekte überwinden 111
   8.4 Was können Angehörige und Befreundete tun? 112
   8.5 Was Aussteigerinnen und Aussteiger für sich tun können 114
   8.6 Ausgeschlossene Mitglieder 116
   8.7 Motive der Führungspersonen von Sekten . . 116

9 Förderliche Wege 119
   9.1 Zusammenfassung: Merkmale von förderlichen Gruppen 121

10 Abschließende Gedanken 125
   10.1 Quintessenz 129

Literaturverzeichnis 131
   Verwendete Literatur 131

Weiterführende Literatur 133
   Allgemeine Informationen und Darstellun-
      gen zum Thema Sekten 133
   Astrologie 134
   Außergewöhnliche, paranormale oder
      übersinnliche Erlebnisse 134
   Heilung und sanfte Medizin 135
   HellseherInnen und Medien 135
   Nahtoderfahrungen 136
   Positives Denken 136
   Psychologische Theorien zum Thema Ab-
      hängigkeit in Sekten 136
   Psychomarkt 137
   Reinkarnationstherapie 137
   Sterben und Tod 137

Anhang 138

Spirituelle-esoterische Richtungen, Methoden, Begriffe
   und Persönlichkeiten   139

Eltern- und Betroffeneninitiativen, kirchliche BeraterInnen und nicht-kirchliche Sektenberatungsstellen
   in Deutschland   155

Hilfe für Sektenaussteigerinnen und -aussteiger   161

Hilfe für Menschen mit außergewöhnlichen Erfahrungen   163

Internet-Links   165

x

Kapitel 1

Vorwort

1.1 Meine persönliche Verbindung zur Spiritualität und Esoterik

Seit etwa vierzehn Jahren beschäftige ich mich mit spiritueller und esoterischer Literatur. Dabei habe ich immer Ausschau gehalten nach *meinem Weg* und einer Lehre, die ich grundsätzlich akzeptieren und lebendig umsetzen kann. Im Laufe dieser Zeit habe ich viele Bücher gelesen und etliche Seminare besucht: von der Anthroposophie bis zum Zazen. Ich habe mich z.B. mit dem *Positiven Denken* beschäftigt, mit Channelings, mit Tarotkarten, mit Sathya Sai Baba, mit der schottischen Findhorn Community, mit Büchern von Alice Bailey (Theosophie) und dem Yoga.

Mehrere Jahre ging ich zu einer Meditationsgruppe, die sich dadurch auszeichnete, daß die Mitglieder unterschiedliche Ansichten hatten; der kleinste gemeinsame Nenner bestand darin, regelmäßigen Gedankenaustausch zu pflegen und zu meditieren. In diesen Gruppensitzungen habe ich deutlich gespürt, daß Meditationen etwas verändern – in den anderen und in mir. Der Geist der Toleranz hat diese Gruppe lange Jahre zusammengehalten. Mittlerweile ist die Gruppe auseinandergegangen und jedes Gruppenmitglied ist *spirituell erwachsen* geworden: Dabei spielten Rückschläge, große Begeisterungen, schöne Entdeckungen und riesige Reinfälle eine Rolle. Auf diese Weise haben sich nach und nach unrealistische Wünsche und übertriebene Erwartungen an einen spirituellen oder esoterischen Weg relativiert. Noch immer hat jeder seine persönlichen Schwierigkeiten und keiner ist bisher *erleuchtet* worden. Fast alle leben heute einen spirituellen oder esoterischen Weg – aber niemand fand seinen Weg auf Anhieb. Ich selbst habe mich während dieser Zeit einer Richtung um den Yogalehrer Heinz Grill angeschlossen, die ich heute als sektiererisch einstufe. Dort fühlte ich mich – nach anfänglicher Begeisterung – immer mehr von mir selbst entfremdet, schließlich völlig kraftlos und leer. Irgendwann habe ich glücklicherweise eine innere Notbremse gefunden, indem ich mich fragte: Was machst Du hier eigentlich? Und: Was bringt es Dir? Und auch: Was bringt es irgendeinem anderen? Da ich für mich selbst oder andere keine Vorteile, sondern nur Schwierigkeiten entdecken konnte, wagte ich den Absprung. Für mich war es nicht einfach, die eingefahrenen, dogmatischen Denkmuster der Sekte nicht nur zu erkennen, sondern auch innerlich loszulassen und meine menschliche Freiheit wieder neu in Besitz zu nehmen. Danach stellte ich zunächst jegliche Beschäftigung mit spirituellen oder esoterischen Inhalten ein. Ich brauchte Zeit, um das Erlebte zu verarbeiten. Ich besann mich auf mich selbst und dachte über meine persönlichen Werte nach. Mit dieser Erfahrung war ich mir nicht sicher, ob ich mich jemals wieder für esoterische oder spirituelle Themen interessieren würde.

Gegen Ende dieser Phase hörte ich, daß ein buddhistischer Lama in der Stadt sei und einen Vortrag halten würde. Diesen besuchte ich und hörte mit der inneren Frage zu, ob Spiritualität für mich noch in irgendeiner Form bedeutsam sein könnte. Diese Frage habe ich nach dem Vortrag bejaht – wenn auch in vorsichtiger Form.

Es lag nahe, mich mit der buddhistischen Spiritualität auseinanderzusetzen, wozu mir Bücher und Cassetten von Sogyal Rinpoche dienten. Ich ging dabei sehr langsam und überaus skeptisch vor.

Nach einiger Zeit des Kennenlernens konnte ich mich aktiv für die buddhistische Spiritualität entscheiden. Dies tat ich nicht, weil ich dort alles für *absolut wahr und richtig* hielt, sondern ich empfand, daß dort genügend Raum besteht, meine eigene Form der spirituellen Praxis zu finden.

Heute bezeichne ich mich als eine buddhistisch Praktizierende. Aufgrund der Sektenerfahrung bleibe ich jedoch immer vorsichtig und prüfend, wenn es darum geht, sich näher auf bestimmte Lehren, Organisationen oder Übungen einzulassen. Gute Impulse der Inspiration erhalte ich vor allem durch Pema Chödrön und Sogyal Rinpoche.

Rückblickend frage ich mich, warum mir die Spiritualität – trotz aller Irrungen und Wirrungen – immer wichtig geblieben ist. Unentbehrlich ist sie mir, weil ich spüre, daß meine tägliche Praxis hilfreich für mich ist. In der Meditation erfahre ich, wie es ist, einfach da zu sein, anwesend, offen und nicht bewertend. Danach fühle ich mich oft frischer, wacher und – wenigstens für kurze Zeit – auch friedlicher. Zudem praktiziere ich Übungen die Mitgefühl erwecken sollen. Ich habe für mich gefunden, daß es meinen persönlichen Werten entspricht, Mitgefühl zu üben. Angesichts dessen, was ich in mir wahrnehme, in meiner Familie, bei Freunden, aber auch in der Welt, halte ich Mitgefühl für eine geeignete Antwort auf die Fragen der Vergangenheit, der Gegenwart und der Zukunft. Oft lasse ich mich durch Aussagen und Texte von Menschen inspirieren, die einen kontemplativen Weg gehen – ganz gleich, ob es Christen, Moslems, Juden, Hindus, Menschen aus indianischen Traditionen oder eben Buddhisten sind. Ich sehe darin den Versuch, miteinander über die Essenz der menschlichen Erfahrung zu kommunizieren. Insofern finde ich in vielen Texten etwas, das ich kenne und das mich berührt – auch wenn ich aus der Perspektive meiner Erfahrungen nicht immer allem zustimmen kann.

Eine spirituelle Praxis aufzunehmen, beinhaltet für mich die Bereitschaft, mir selbst immer wieder zu begegnen und mich ohne viele Worte so anzunehmen, wie ich bin. Es beinhaltet auch die Bereitschaft, die schwierigen und schmerzhaften Aspekte meines Lebens anzusehen. Letztlich möchte ich in meiner spirituellen Praxis die Bereitschaft kultivieren, immer wieder zu einem inneren Sprung anzusetzen – einem Sprung hin zu mehr Mut, mehr Offenheit und mit mehr Raum und Güte für andere Wesen.

Mein Respekt und meine Wertschätzung gilt den großen religiösen Traditionen sowie allen spirituellen und esoterischen Richtungen, die Menschen zum Leben ermutigen und deren Ziele in der Verwirklichung des heilsamen Handelns und in der liebenden Güte liegen.

1.2 Warum dieses Buch?

Es war für mich nicht leicht, meinen Weg zu finden. Doch ich denke, daß es lohnenswert ist, die eigene Richtung einer Spiritualität zu entdecken und zu leben. Auf meiner Suche mußte ich mir mühsam und allein Kriterien für oder gegen spirituelle und esoterische Richtungen erarbeiten. Meine gewonnenen Überlegungen möchte ich nun mitteilen. Ich denke, daß sie brauchbar sein können für Menschen, die sich in ähnlichen Situationen befinden oder vor vergleichbaren Fragen stehen. In diesem Buch werde ich die Denkansätze und Überlegungen darstellen, die mir geholfen haben, sektiererische Strukturen zu erkennen und eine geeignete Richtung zu finden. Dazu möchte ich Merkmale und Kennzeichen beschreiben, die aus meiner Sicht einen förderlichen Weg beschreiben, wie auch solche, die sektiererische Mechanismen anzeigen können. Folgenden Fragen möchte ich mich nähern:

- Welche Kriterien für förderliche spirituelle oder esoterische Richtungen lassen sich von meinem Standpunkt aus benennen?

- Wie gestaltet sich ein förderlicher Weg, welche Merkmale gibt es?

- Welche Kriterien für unseriöse und sektiererische Richtungen lassen sich aus meiner Position benennen?

- Woran werden sektiererische Strukturen deutlich?

Da ich selbst eine leidvolle Sektenerfahrung gemacht habe, ist es mir ein besonderes Anliegen, die Vorgehensweisen solcher Gruppierungen zu beschreiben und zu entlarven. Damit verbinde ich den Wunsch, daß Sekten und sektenartige Gruppierungen weniger Zulauf erhalten.

Dieses Buch richtet sich in erster Linie an Leserinnen und Leser, die Interesse an einem spirituellen oder esoterischen Weg haben. Diesen möchte ich Vorschläge und

Hilfen geben, um seriöse von unseriösen Richtungen unterscheiden zu können. Am Herzen liegen mir all jene, die eine Sektenerfahrung gemacht haben und nun das Erlebte aufarbeiten und verarbeiten. Ich hoffe, meine Beschreibungen von sektiererischen Strukturen im Sinne eines Wiedererkennungseffektes sind nutzbringend. Sehr wichtig sind mir auch jene, die sich nicht sicher sind, ob sie einer sektiererischen Gruppierung aufgesessen sind. Ihnen möchte ich Mut machen, ihre Richtung mit Herz und Verstand in den Blick zu nehmen und sich – falls sich der Verdacht bestätigt – von der Gruppierung zu lösen. Zudem will ich Interessierte ansprechen, deren Angehörige sich in Sekten verstrickt haben. Sie können durch dieses Buch etwas über den Reiz erfahren, den spirituelle oder esoterische Wege oft ausüben. Mit Hilfe der gegebenen Einblicke können sie mit dem Sektenmitglied vielleicht wieder neu ins Gespräch kommen und abwägen, was hilfreich und was schädlich sein könnte. Schließlich schreibe ich für alle, die, vielleicht aus beruflichen Gründen, etwas über die Begeisterung für Esoterik und Spiritualität verstehen wollen und gleichzeitig nur schwer nachvollziehen können, wie Menschen in Sekten geraten.

1.3 Wie dieses Buch geschrieben ist

In diesem Buch benenne ich *nicht* konkrete spirituell-esoterische Richtungen, um sie zu be- oder verurteilen. Auch veröffentliche ich keine Liste, die die schwarzen Schafe der spirituell-esoterische Gemeinde aufzählt. Dies möchte ich aus unterschiedlichen Gründen nicht tun. Zum einen halte ich meine Einschätzung nicht für absolut; d.h., eine Gruppe oder Richtung, die ich als wenig befriedigend erfahren habe, kann für andere sehr inspirierend und hilfreich sein. Zum anderen lassen sich aus meiner Sicht auch bei jeder förderlichen Gruppe Punkte finden, die Fragen aufwerfen und zweifelhaft sind. Deshalb könnte ich kaum eine Gruppe auf die *weiße Liste* setzen. Im Gegenzug zeichnen sich sektiererische Lehren aber oft durch ein *Körn-*

chen Wahrheit aus. Von daher müßte ich die *schwarze Liste* oftmals um den Hinweis ergänzen, »positiv zu erwähnen ist, daß . . .«. Bei einer differenzierten Betrachtung gibt es mehr als *schwarz* und *weiß* – es gibt alle Farben in etlichen Nuancen. Damit will ich Sekten jedoch nicht verharmlosen. Vor allem ich möchte darauf hinweisen, daß Sekten zunächst mit anziehenden Themen locken und vielversprechende Perspektiven anbieten. Würden sie darauf verzichten, würden sie auch keine Mitglieder und keinen Zugang haben. Es geht mir also darum, daß interessierte Leserinnen und Leser auf dem Hintergrund ihrer persönlichen Neigungen und Wünsche abwägen können, welche spirituell-esoterische Richtung sie für sich annehmen und praktizieren möchten. Dies will ich unterstützen, indem ich von Überlegungen, Gedanken und Argumenten erzähle, die dabei für mich hilfreich sind. Auch wenn ich an einigen Stellen des Buches Beispiele aus dem Bereich des Buddhismus verwende, hoffe ich, daß dies nicht als eine Hinführung zum Buddhismus mißverstanden wird.

Aufgrund meiner Ausbildung als Psychologin betrachte ich viele Themen in erster Linie aus diesem Blickwinkel, integrierte aber auch Perspektiven anderer Wissenschaften (z.B. Religionswissenschaft, Theologie, Philosophie, Soziologie).

Um mein Anliegen in diesem Buch zu vermitteln, habe ich folgende Schritte gewählt: Nach grundlegenden Informationen in der „Einleitung" benenne ich im 3. Kapitel „Motive für spirituell-esoterische Wege". Dabei wird nicht nur möglichen Motiven nachgegangen, die Interessierte zu bestimmten spirituell-esoterischen Wegen und Angeboten führen können, sondern gleichzeitig gebe ich kurze Einschätzungen zu ausgewählten Aspekten der spirituell-esoterischen Angebote. Im 4. Kapitel beschreibe ich Qualitäten, die Leiterinnen und Leiter spirituell-esoterischer Richtungen von meinem Standpunkt aus notwendigerweise besitzen sollten, wenn sie andere anleiten möchten. Zudem beschreibe ich Komplikationen, die sich für die Mitglieder ergeben können, wenn derartige Qualitäten nicht vorhanden sind. Im 5. Kapitel: „Eine spirituell-esoterische Aussage oder Lehre – grandioser Einfall oder großer Reinfall?" stelle ich Punkte vor, die ich zur kritischen Betrachtung einer spirituell-esoterischen Lehre verwende. „Anhänger und Anhängerinnen spirituell-esoterischer Gruppen – authentische Menschen oder ferngesteuerte Wesen?" – so das 6. Kapitel – geht der Charakterisierung spirituell-esoterischer Richtungen und Organisationen anhand ihrer Anhänger nach. Vervollständigt wird dieses Kapitel durch eine Kollektion von Merkmalen, die für oder auch gegen die jeweilige spirituell-esoterische Richtung anhand der Anhängerinnen und Anhänger sprechen können. „Wie können sich Interessierte vor den Strategien der Sekten schützen? Was bringt sie auf dem spirituell-esoterischen Weg weiter?" – dies sind die Leitfragen des 7. Kapitels. Sekten können langfristig niemanden „überfallen" oder mit Psychotricks täuschen, wenn interessierte Personen bestimmte Haltungen verinnerlicht haben. Diese schützenden Haltungen – sie können auch Sektenmitgliedern eine Loslösung von der Gruppe erleichtern – skizziere ich in diesem Kapitel. „Strategien von Sekten – verstehen und überwinden". Diese Thematik wird im 8. Kapitel aufgegriffen. Dargestellt wird, mit welchen psychologischen Strategien Sekten arbeiten, was Angehörige und Bekannte dagegen unternehmen können und was unterstützend für Aussteigende und Ausgestossene sein kann. Im 9. Kapitel – „Förderliche Wege" – beschreibe ich hilfreiche Formen der Spiritualität und fasse die von mir genannten Merkmale förderlicher Gruppen zusammen. „Abschließende Gedanken" bilden das 10. Kapitel, vier Arten des Umgangs mit spirituell-esoterischen und religiösen Lehren werden vorgestellt.

Da sich dieses Buch an Interessierte mit unterschiedlichen Vorkenntnissen richtet, werden im Anhang grundlegende Begriffe und Methoden aus dem Bereich der Spiritualität und Esoterik erklärt. Ebenso werden dort die in diesem Buch genannten spirituell-esoterischen Richtungen kurz vorgestellt. Am Schluß des Buches sind Hinweise auf themenbezogene Literatur und Adressen von Sektenberatungsstellen sowie eine Auswahl aufschlußreicher Internet-Links aufgelistet.

Kapitel 2

Einleitung

2.1 Bedeutung verwendeter Begriffe

Der Begriff *Spiritualität* geht auf das französische Wort *Spiritualité* zurück und bedeutet vom ursprünglichen Wortsinn her *geistliche Lebensform*. Der Begriff kann nicht eindeutig definiert werden. Neben anderen Definitionsmöglichkeiten kann unter Spiritualität die *personale Aneignung einer Heilsbotschaft* verstanden werden. Da heute ganz unterschiedliche *Heilsbotschaften* – oberflächlicher wie auch tiefgründiger Art – existieren, wird auch der Begriff vielfältig verwendet. Als *esoterisch* (griech.: nach innen) bezeichnete man im antiken Griechenland die Mysterienkulte, die sich von der *exoterischen* (griech.: nach außen) Wissenschaft unterschieden. Die Esoterik beinhaltete ein Wissen, das nicht offen zugänglich, sondern einem Kreis von Eingeweihten vorbehalten war. Heute wird mit *Esoterik* eine Sammlung von ganz unterschiedlichen und frei zugänglichen Angeboten bezeichnet. Da sich spirituelle und esoterische Angebote nicht immer deutlich voneinander trennen lassen, verwende ich in vereinfachter Form den Doppelbegriff *spirituell-esoterisch*. Die mannigfaltigen spirituell-esoterischen Richtungen, die ich näher in den Blick nehmen möchte, werde ich im folgenden kurz in ihrer Unterschiedlichkeit skizzieren:

1. Grundlagen-Esoterik

   Mit dem Begriff der Grundlagen-Esoterik bezeichne ich die Richtungen, die eine Gemeinsamkeit mit dem Esoterikbegriff der Antike haben. Damals war die Esoterik eine geheime Wissenschaft. In der Rosenkreuzer-Bewegung, der Theosophie und in der Anthroposophie spielt in ähnlicher Weise ein *geheimes Wissen* eine wichtige Rolle. Das Wissen, das in den genannten Traditionen und Richtungen systematisiert wird, gilt als okkult im Sinne von *verbor-*

gen und nicht offen zugänglich. Aus Sicht der Anhänger können nur Eingeweihte dieses Wissen innerlich erfassen und z.B. über verschiedene Initiationen weitergeben. In diesen Richtungen wird unter *esoterisch* ein Streben nach Innerlichkeit und Vergeistigung verstanden. Sie bieten eine Esoterik für gehobene Ansprüche, denn die dargebotenen Lehren sind sowohl umfangreich als auch komplex. Diese Gruppierungen haben wiederum andere esoterische Wege hervorgebracht. Zum Beispiel geht die amerikanische I-AM-Bewegung aus der Theosophie hervor.

2. Esoterik als Lebenshilfe

Unter Esoterik als Lebenshilfe fasse ich die folgenden Angebote und Richtungen zusammen: Die Astrologie, die Numerologie, das Tarot, das Pendeln, das I-Ging, das Handlesen, das Wahrsagen, die mediale Lebensberatung, die Reinkarnationstherapie, das beratende Channeling, die Akasha-Lesung, der beratende Kontakt zur geistigen Führung u.a. Alle diese Angebote dienen dazu, Lebenshilfen bei persönlichen Problemen und Fragen zu bieten.

3. Grenzwissenschaftliche Esoterik

Unter Grenzwissenschaftliche Esoterik subsumiere ich die Angebote aus dem folgenden Bereich: Die Ufologie und die Richtungen, die sich mit den Themen wie Telepathie, Hellsehen, Erscheinungen von lebenden bzw. verstorbenen Personen, Materialisationen und Geisterkontakte u.a. befassen. Im Unterschied zur esoterischen Lebenshilfe geht es in diesem Bereich in erster Linie um die Phänomene an sich. Eine besondere Erscheinung, die ich der Grenzwissenschaftlichen Esoterik zuordne, ist der UFO-Glaube. Dabei geht es nicht mehr um die Frage nach der Existenz von UFOs, sondern u.a. um den Kontakt zu UFO-Besatzungen. Nach Ansicht der Mitglieder schützen UFO-Besatzungen die Erdbevölkerung vor verschiedenen Gefahren. Die Gruppe Ashtar-Command vertritt diesen UFO-Glauben.

4. Spiritualität und Esoterik der Heilkunst

   Als Spiritualität und Esoterik der Heilkunst bezeichne ich Richtungen, die sich mit der Heilung von Körper, Seele und Geist beschäftigen. Zu nennen sind hier beispielsweise Aromatherapie, Ayurweda, Heilen mit Edelsteinen, Heilen mit Blütenessenzen, Reiki, Yoga, Geistheilung, Heilen durch mediale Botschaften und Heilung durch positive Affirmationen. Auch spirituell-esoterische Ratgeber zur Bewältigung und Heilung von Krankheiten möchte ich diesem Bereich zuordnen.

5. Esoterik als intensive Erfahrung

   Bisweilen ist ein Bereich erkennbar, den ich als *Esoterik als intensive Erfahrung* erwähnen möchte. Diesem Bereich ordne ich esoterische Methoden zu, die in dem Sinne einen fast therapeutischen Anspruch haben, daß sie den Interessenten eine neue, tiefgreifende, intensive und verändernde Erfahrung versprechen. Beispielsweise ist das *Feuerlaufen* ein solches Angebot. In Tantra-Kursen werden intensive emotionale, mitunter auch sexuelle Erfahrungen geboten.

6. Mental- und Psychotrainings

   Auch Mental- und Psychotrainings mit esoterischen Elementen finden sich in breitem Angebot. Zu ihnen zähle ich das *Positive Denken*, esoterische Angebote für Führungskräfte, z.B. *Pranayama für Manager*, das Avatar-Training, Scientology-Kurse, das FORUM u.a.

7. Schamanismus

   Mit dem Begriff Schamanismus möchte ich folgende spirituell-esoterische Bereiche kennzeichnen: Indianische Spiritualität, afrikanische Spiritualität, Spiritualität der Aborigines, keltische Spiritualität, Hexenkult u.a. Dabei geht es um spirituelle Richtungen, die sich in Naturvölkern, in vergangenen oder *fremden* (fremd aus europäischer Sicht) Kulturen entwickelt haben.

8. Neue religiöse Spiritualität

    Mit *Neue religiöse Spiritualität* bezeichne ich spirituell-esoterische Richtungen, die auf eine Religion zurückgehen, die im deutschsprachigen Raum nicht vorherrschend ist. Dazu zähle ich die islamischen Richtungen, z.B. die Bahaì und die Sufis, den Buddhismus mit seinen verschiedenen Richtungen (z.B. Rigpa, Shambhala und die Karma-Kagyü-Schule des Ole Nydahl, Buddhismus nach Thich Nhat Hanh, Zen) sowie hinduistisch geprägte Richtungen, z.B. die Ramakrishna-Mission, ISKCON (Hare-Krishna-Bewegung), Sri Chinmoy, Ananda Marga, Brahma Kumaris, Sathya Sai Baba, Osho (früherer: Bhagwan), Transzendentale Meditation und viele andere.

9. Christlich geprägte Esoterik

    Darunter fasse ich Angebote von Gruppen zusammen, die sich von den Kirchen gelöst haben und esoterische Elemente mit christlichen Auffassungen verbinden. Zu nennen sind hier beispielsweise der Orden Fiat Lux / Uriella, die Christliche Wissenschaft, der Bruno Gröning Freundeskreis, das Universelle Leben und die Vereinigungskirche (die sog. *Mun-Sekte*).

Wenn ich von spirituell-esoterischen Angeboten, Richtungen und Wegen spreche, dann sind alle obigen Zweige gemeint. Die hier vorgestellten spirituell-esoterischen Richtungen sind keinesfalls umfassend. Es existieren noch etliche andere Gruppen, darunter z.B. kleine Splittergruppen und Mischformen aus den verschiedenen Richtungen, die aus Platzgründen nicht genannt werden können. Auch diese sind mit gemeint, sofern sie sich einem oder mehreren Bereichen zuordnen lassen.

Schwerpunktmäßig beschäftige ich mich mit den spirituell-esoterischen Gruppen, die ein deutliches Heilsversprechen abgeben und bestimmte Mittel und Methoden vorstellen, die zum gesteckten Ziele führen sollen. Besonders aufmerksam lassen sich mit diesem Buch auch diejenigen Richtungen betrachten, in denen spirituell-esoterische Gurus oder Meisterinnen und Meister eine gewichtige Rolle spielen.

Vielfach arbeite ich mit dem Begriff der *Sekte*[1] oder ich bezeichne Gruppen, Strukturen oder Merkmale analog dazu als *sektiererisch*. Sekten versuchen *mit subtilen, schwer durchschaubaren tiefenpsychologischen Eingriffen ihre Anhänger in eine Scheinwelt zu führen und in eine komplexe Abhängigkeit zu ziehen* (Stamm)[2]. Meine Definition einer Sekte beinhaltet zudem, daß die Verantwortlichen der Sekte versuchen, die Gefühle und Gedanken der Anhänger zu beeinflussen, zu verändern und schließlich zu bestimmen. Betroffene fühlen sich dadurch langfristig von sich selbst entfremdet. Um ein bestimmtes Ziel, das von der Sekte definiert und beschrieben wird, zu erreichen, nehmen Mitglieder oft hohe finanzielle Ausgaben, große körperliche Anstrengungen, oft auch psychische Entbehrungen in Kauf. Mitunter setzen sie sogar ihr eigenes Leben ein. Es wird suggeriert, daß die Erreichung des Ziels paradiesische, vollkommene oder ideale Umstände oder Zustände beinhaltet (z.B. vollkommene Gesundheit, großen Reichtum, völlige Freiheit, hohe Intelligenz, vollendete Spiritualität, eine vollkommen harmonische Gesellschaft). Diese Ziele können in Sekten jedoch nicht wirklich erreicht werden. Statt dessen wird das Mitglied von den Verantwortlichen der Sekte manipuliert und der – bisweilen totalen – Kontrolle unterworfen. Sekten unterscheiden sich

---

1 Ich benutze den Begriff „Sekte", weil er im allgemeinen Sprachgebrauch die von mir beschriebenen (und ähnliche) Phänomene bezeichnet. Vergleichbare Bezeichnungen sind *Jugendreligionen* (Haack, 1974), *Destruktive Kulte* (Begriff aus den USA), *Neue Religiöse Bewegungen* und *Gruppen mit vereinnahmender Tendenz* (Stamm, 1994).
2 Vgl.: Stamm, Hugo: Sekten – Im Bann von Sucht und Macht. - München: dtv, 1995, S. 7.

hinsichtlich ihrer Professionalität und Gefährlichkeit. Aus meiner Sicht zeichnet sich eine Sekte nicht in erster Linie durch abstruse Vorstellungen aus, sondern durch die Art und Weise des Umgangs mit den Mitgliedern: Druck erzeugen, Ängste vor dem Ausstieg schüren, Mißachtung und Abwertung individueller Wünsche, Gedanken und Bedürfnisse, Manipulation und Kontrolle markieren die Strategien von Sekten.

2.2 Religionsfreiheit

Die Freiheit der Wahl der Religion oder einer spirituell-esoterischen Richtung ist ein Grundrecht eines jeden Menschen, das ich zu schätzen weiß. Die persönlichen Meinungen, Werte und die religiösen, spirituellen-esoterischen Überzeugungen einer Person respektiere ich, sofern dadurch nicht die Rechte anderer Personen verletzt werden. Ich wende mich jedoch gegen sektiererische Mechanismen, da gerade diese die Freiheit der Wahl untergraben oder erschweren. Sekten versuchen Mitglieder und Interessierte durch schwer erkennbare Strategien zu ihrem Weg zu zwingen. Diese Mechanismen lege ich bloß, um die grundlegende Religionsfreiheit zu stärken.

Der Respekt vor den Überzeugungen einer Person hindert mich jedoch nicht daran, inhaltliche Kritikpunkte, die ich sehe, konkret zu benennen. Gleichzeitig bin auch ich dafür offen, daß meine Ansichten einer kritischen Betrachtung und Bewertung unterzogen werden.

2.3 Psychotherapie, spirituell-esoterische Wege und Sekten

Wenn ich in diesem Buch von *Therapie* oder von einem *therapeutischen Rahmen* spreche, dann bezeichne ich damit Therapieformen, die von psychologischen Fachverbänden anerkannt sind. Dazu gehören beispielsweise die Verhaltenstherapie, die Gesprächstherapie und verschiedene Formen der Psychoanalyse. Diese Formen der Psychotherapie halte ich bei besonderen Problemlagen und in bestimmten Lebensphasen für nützlich und hilfreich. Gleichzeitig finden jedoch auch Formen der Psychotherapie in abgewandelter Form immer stärker Eingang in den spirituell-esoterischen Bereich. Diese gehen oft auf die Humanistische Psychologie[3] zurück. Wenn ein psychotherapeutischer Ansatz durch spirituelle oder esoterische Methoden ergänzt wird, dann halte ich dies nicht unbedingt für günstig. Therapierende, die in dieser Weise vorgehen, bringen in einer stärkeren Weise ihre *persönlichen Werte und Überzeugungen* in die Therapie ein. Natürlich geschieht das Einbringen von eigenen Werten und Überzeugungen bis zu einem gewissen Grad immer in der Therapie – wird ein bestimmtes Maß jedoch überschritten, dann erhalten die Klienten in der Therapie für ihre *eigenen* Werte und Überzeugungen möglicherweise zu wenig Raum.

Gewöhnliche Therapieformen beruhen meist auf wissenschaftlichen Untersuchungen und einer fachlichen Diskussion. Therapieformen, die Elemente aus Esoterik und Spiritualität enthalten, werden demgegenüber meist nicht diskutiert oder einer wissenschaftlichen Betrachtung unterzogen. Ob diese *esoterischen Therapien* aus fachlicher Sicht immer unbedenklich sind, bleibt deshalb offen.

Der Psychotherapie fällt durch die Verbindung mit esoterischen und spirituellen Elementen immer mehr eine religiöse Funktion zu. Dazu schreibt Stamm: »Die Hoffnung, mit Hilfe der *wahren* psychologischen Erkenntnisse und Therapiemethoden die engen Grenzen des menschlichen Fühlens und Handelns sprengen zu können, nimmt oft religiöse Formen an.«[4] Eine *religiöse-spirituell-esoterische-Psychotherapie* eignet sich in den Händen manipulatorischer Therapeuten jedoch bestens dafür, um sektiererische Strukturen und Abhängigkeiten zu erzeugen.

Von daher rate ich dazu, sich im Bedarfsfalle einer therapeutischen Behandlung an psychologische Fachverbände oder auch Krankenkassen zu wenden. Diese Stel-

---

3 Ein Vertreter ist beispielsweise: Maslow, A. H.: Psychologie des Seins. - München: Kindler, 1973.
4 Vgl.: Stamm, H.: a.a.O., S. 22.

len können Auskünfte geben, wie seriöse und anerkannte Therapien zu finden sind.

Kapitel 3

Motive für spirituell-esoterische Wege

Immer wieder wird die Frage gestellt, warum sich *aufgeklärte* Menschen (sogar akademisch Gebildete!) für spirituell-esoterische Themen interessieren. Die Antwort ist aus meiner Sicht einfach: Sie alle erhoffen sich durch die Beschäftigung mit Esoterik oder Spiritualität ein glücklicheres Leben. Glück ist aber nicht gleich Glück: Für den einen bedeutet Glück einen Zuwachs an Erfolg, Geld und Macht, für den anderen ist z.b. die Meditation glückbringend. So verschieden wie die Vorstellungen vom *Glück* sind, genauso unterschiedlich sind auch die Motive, die zu spirituellesoterischen Wegen führen können. Grundlegend lassen sich aus meiner Sicht neun verschiedene Motive für die Suche nach spirituell-esoterischen Wegen erkennen:

1. Motiv: Suche nach esoterischen Erkenntnissen über Welt, Mensch und Natur
2. Motiv: Suche nach praktischer Lebenshilfe
3. Motiv: Suche nach der Erfahrung von übersinnlichen Phänomenen
4. Motiv: Suche nach Heilung und Gesundheit
5. Motiv: Suche nach Erlebnisintensität
6. Motiv: Suche nach persönlichem Erfolg und Reichtum
7. Motiv: Suche nach Harmonie zwischen Mensch und Natur
8. Motiv: Suche nach Frieden, allumfassender Liebe und Mitgefühl
9. Motiv: Suche nach Erleuchtung oder Erlösung

Anhand der Motivliste kann reflektiert werden, was innerlich bewegt und zu spirituell-esoterisch Wegen hinführt. Eine Auswahl ist dann möglicherweise leichter zu treffen. Zu beachten ist, daß in einer spirituell-esoterisch interessierten Person mehrere Motive gleichzeitig wirksam sein können oder zeitweilig besonders hervor-, bzw. zurücktreten. Im Laufe des spirituell-esoterischen Lebensweges kristallisieren sich wahrscheinlich ein oder zwei Motive als die bedeutsamsten heraus.

Mit Hilfe der Motivliste lassen sich auch die spirituell-esoterischen Angebote in den Blick nehmen, die versuchen, diese zu erfüllen. Die von mir hier vorgestellten Motive korrespondieren in etwa mit den unter 2.1. dargestellten spirituell-esoterischen Richtungen. Eine umfassende Bewertung dieser Richtungen möchte ich nicht geben, sondern lediglich ausgewählte Aspekte dieser Richtungen hervorheben und aus dem Blickwinkel meiner Erfahrungen kommentieren.

1. Motiv: Suche nach esoterischen Erkenntnissen über Welt, Mensch und Natur

Die Richtungen der *Grundlagen-Esoterik*, die Rosenkreuzer-Bewegung, die Theosophie und die Anthroposophie, bedienen das Motiv der Suche nach esoterischen Erkenntnissen über Welt, Mensch und Natur. Ausgehend von meinen Erfahrungen mit der Theosophie und der Anthroposophie sei zu diesen Richtungen folgendes angemerkt: Die angesprochenen Lehren sind komplex, umfangreich und – wie ich finde – manchmal sehr schwer verständlich. Es ist zum Teil nicht leicht, die darin angesprochenen Inhalte zu verstehen oder sogar praktisch umzusetzen. Eine interessierte Einzelperson kann sich möglicherweise in den Büchern *verlieren* und so den Bezug zum realen Alltag vernachlässigen, ohne sie jedoch *richtig* – im Sinne des Autors – zu verstehen. Viele anthroposophische Gruppen bemühen sich um ein angemessenes Verständnis und um eine Umsetzung der Lehre Steiners. Mir scheint, daß dieser Gruppenbezug auch sehr wichtig ist, um einen alltäglichen und einfachen Bezug zum Leben zu behalten.

Bezüglich der Theosophie ist kritisch anzumerken, daß die Bücher von Alice Bailey, einer Hauptvertreterin, durch einen *telepathischen Kontakt* zustande gekommen sind. Der eigentliche Autor der Bücher von Alice Bailey ist ein nicht greifbares Geistwesen, das als der TIBETISCHE MEISTER

DWJHAL KUL bezeichnet wird. Aus verschiedenen Gründen halte ich diese Darstellung nicht für günstig. Der Meister Dwjhal Kul erscheint nicht konkret als reale Person und muß sich deshalb in typisch *irdischen Situationen* auch nicht verhalten. Doch werden gerade solche Situationen und Verhaltensmöglichkeiten mit großem Interesse verfolgt. Zudem könnte sich die – bereits verstorbene – Alice Bailey immer darauf berufen, daß nicht sie es gesagt hat, sondern *Dwjhal Kul*. Sie konnte seine telepathisch empfangenen Worte möglicherweise gar nicht immer erläutern oder erklären. Insofern haben die Leserinnen und Leser dieser Bücher keine Ansprechpartnerin, die für das Geschriebene Verantwortung übernimmt. Das halte ich für bedenklich.

2. MOTIV: SUCHE NACH PRAKTISCHER LEBENSHILFE

Das 2. Motiv, die Suche nach praktischer Lebenshilfe, wird durch die Angebote der Esoterik als Lebenshilfe bedient. Dazu gehören z.B. die Astrologie, die Numerologie, das Tarot, das Pendeln, das I-Ging, das Handlesen, das Wahrsagen, die mediale Lebensberatung, die Reinkarnationstherapie, das beratende Channeling, die Akasha-Lesung und der beratende Kontakt zur geistigen Führung. Die Lebenshilfe bezieht sich auf Entscheidungshilfen, auf Lebenswegberatungen und den Beistand bei persönlichen Problemen und Schwierigkeiten. Kurz kommentieren möchte ich nur die Richtungen: Astrologie, Tarot und die Reinkarnationstherapie.

Die Astrologie stellt eines der ältesten Deutungssysteme der Menschheit dar. Sie beschreibt zahlreiche menschliche Urthemen, wie z.B. Kampf, Liebe, Lust und Tod. Insofern ist es verständlich, daß viele Interessierte in der Beschäftigung mit der Astrologie eigene Themen wiedererkennen können. Die Bilder und Symbole der Astrologie sind vielsagend: Sie sprechen Gefühl und Intellekt an. Zudem bilden die Tierkreiszeichen ein harmonisches, geordnetes Ganzes. Von daher empfinde ich die Astrologie als ein System, das sehr leicht Kommunikation über menschliche Probleme, Gefühle und Lebenslagen ermöglicht. Begabte Astrologinnen und Astrologen können dies im Beratungsgespräch zum Vorteil ihrer Klienten nutzen.

In ähnlicher Weise lassen sich Tarotkarten benutzen. Auch sie stellen ein geordnetes Bilder- und Symbolsystem dar. Über verschiedene Kartenlegetechniken können zu einem bestimmten Problem eine oder mehrere Karten gezogen werden. Die Bilder auf den Karten können dann als Reflexionshilfe benutzt werden. Oft werden die gezogenen Karten von den Benutzenden als besonders zutreffend empfunden. Ob dies einem *magischen System* zuzuschreiben ist oder lediglich einer psychischen Tendenz, einen persönlichen Sinn in die Bilder zu legen, kann ich letztlich nicht beurteilen. Wichtig ist vom Standpunkt der Benutzenden aus, daß die *Antwort der Tarotkarten* (oder ist es eine eigene Antwort?) als hilfreich empfunden wird.

Skepsis ist geboten, wenn z.B. die Astrologie weniger als eine Hilfe zur Kommunikation verwendet wird, sondern mehr als eine verkürzte, schnelle Entscheidungshilfe. Beispielsweise höre ich manchmal eine Radiosendung, in der eine Astrologin verschiedene Kurzberatungen anbietet. Interessierte Hörer fragen dann telefonisch an, ob sie einen bestimmten Beruf wählen sollten oder ähnliches.

Warum verlassen sich Menschen mit speziellen Lebensfragen auf diese spirituell-esoterische Methode? Vielleicht tun sie es, weil bestimmte Lebensentscheidungen nicht bis ins Letzte rational (und auch nicht emotional) zu begründen sind. Zum Beispiel läßt sich fragen, ob der Partner *wirklich* der Richtige ist. Oder ob der Schritt in die Selbständigkeit *tatsächlich* genug Sicherheiten bietet. Aus meiner Sicht bleibt bei wichtigen Entscheidungen immer ein Restrisiko bestehen – trotz aller guten Gründe und rationalen Argumente.

In einer solchen Entscheidungssituation kann eine klare Empfehlung der Astrologin als Hilfe empfunden werden. Realistisch und ausgewogen sind derartige astrologische Kurzempfehlungen aus meiner Sicht jedoch nicht. Sie dienen möglicherweise dazu, eine schnelle Lösung zu finden, um nicht die vieldeutige, offene Spannung der Unsicherheit erleben zu müssen.

Angemessenere Anwendungen der Astrologie eröffnen in der Beratung demgegenüber vielleicht eher die Möglichkeit, für die inneren Spannungen Bilder zu finden (z.B. ›...der Löwe in mir möchte das schon, aber mein Mond traut sich noch nicht.‹) Mit Hilfe dieser Bildersprache kann das Entscheidungsproblem vielleicht sogar besser betrachtet und innerlich bearbeitet werden. Der oder die Ratsuchenden setzen sich auf diese Weise aktiv und verantwortlich mit der zu treffenden Entscheidung auseinander – ohne Unsicherheiten und Zweifel auszublenden.

Zur Reinkarnationstherapie möchte ich folgendes anmerken: Die Anbieter der Reinkarnationstherapie[1] gehen davon aus, daß Menschen bereits mehrere Leben gelebt haben. Persönliche Probleme und Schwierigkeiten interpretieren sie als eine Folge von Vorkommnissen und Verwicklungen aus vergangenen Leben. In der Therapie versetzen sie ihre Klienten in Trance und begleiten sie zu *früheren Leben* zurück. Dort suchen sie nach den Ursachen heutiger Probleme. Als Buddhistin schließe ich die Existenz von früheren Leben nicht aus. Gleichwohl bezweifle ich aber die Möglichkeit der spontanen Erinnerung solcher Leben unter Hypnose. Als wahrscheinlich empfinde ich eher, daß in der Reinkarnationstherapie unbewußte und unbearbeitete Konflikte des jetzigen Lebens hervortreten.

Bei einigen mir bekannten Menschen scheint die Teilnahme an einer Reinkarnationstherapie eher mehr Fragen aufgeworfen als beantwortet zu haben – denn die Klienten fragten sich danach, ob ihre bildhaften *Erinnerungen* tatsächlich aus früheren Leben stammten. Teilweise wirkten die Klienten durch die Reinkarnationstherapie eher belastet als entlastet. Eine abschließende und umfassende Bewertung der Reinkarnationstherapie möchte ich hier nicht versuchen. Sie stellt meines Wissens kein

---

1   Ein Vertreter der Reinkarnationstherapie ist Thorwald Dethlefsen. Vgl.: Dethlefsen, T., Schicksal als Chance - München: Goldmann Verlag, 1979.

psychotherapeutisches Verfahren dar, das von psychologischen Fachverbänden oder Krankenkassen anerkannt wäre. Wenn die Vertretenden der Reinkarnationstherapie eine breitere Form der Anerkennung wünschen, dann sollten sie meiner Ansicht nach in stärkerem Maße dazu bereit sein, ihre Erfahrungen offen zu legen, Fachfragen zu erörtern und Kritikpunkte zu bedenken. Verzichten sie auf diese Form der Auseinandersetzung, würde ich es begrüßen, wenn sie alle therapeutischen Ansprüche fallenlassen und ihre Methode z.b. schlicht als *Rückführung* bezeichnen würden.

3. Motiv: Suche nach der Erfahrung von übersinnlichen Phänomenen

Die *Grenzwissenschaftliche Esoterik* versucht das Motiv der Suche nach der Erfahrung von übersinnlichen Phänomenen zu erfüllen. Themen können die Telepathie, das Hellsehen, Erscheinungen von lebenden bzw. verstorbenen Personen, Geisterkontakte, Materialisationen u.ä. sein. Das Interesse an UFOs, wie auch den UFO-Glauben, zähle ich ebenfalls zur Grenzwissenschaftlichen Esoterik. Meine Überlegungen möchte ich an dieser Stelle etwas ausführlicher gestalten, weil die Bewertung von übersinnlichen Phänomenen für den gesamten Bereich der Spiritualität und Esoterik bedeutsam sein kann. Ich selbst schliesse die Existenz von übersinnlichen Phänomenen (z.B. die Telepathie) nicht grundsätzlich aus. Um meine Auffassung zur Beschäftigung mit übersinnlichen Phänomenen zu verdeutlichen, möchte ich etwas weiter ausholen:

Die wissenschaftliche Parapsychologie stellt nicht in Frage, daß unerklärliche, scheinbar übersinnliche Phänomene erlebt werden. Viele dieser Phänomene, z.B. Spuk, zeichnen sich aber durch Flüchtigkeit oder „Elusivität" aus. Das heißt, sie geschehen gerade nicht, wenn alle darauf warten, sie sind nicht per Knopfdruck auslösbar.[2] Der

2 Vgl.: Lucadou, W.v./Poser,M.: Geister sind auch nur Menschen: was

Parapsychologe Dr. John Beloff[3] weist jedoch darauf hin, daß es Indizien für erstaunliche übersinnliche Phänomene gibt, die zumindest kurzzeitig auftreten. Er berichtet z.B. von spektakulären Materialisationen verstorbener Personen. Zufolge einer repräsentativen Umfrage aus Island, geben 31 % der Befragten an, daß sie schon einmal *die Präsenz einer verstorbenen Person erfahren oder gespürt* haben.[4] Die Resultate einer anderen Umfrage zeigen, daß jeder vierte Westeuropäer angibt, schon einmal einen *Kontakt mit einem Verstorbenen* erlebt zu haben.[5] Diese Ergebnisse deuten darauf hin, daß parapsychische Erlebnisse regelmäßig auftreten und als normal gelten können. Der Psychiater Dr. West stuft derartige Erlebnisse als nicht pathologisch ein.[6] Wissenschaftlich belegbar ist, daß Menschen derartige Phänumene erleben, nicht beweisbar ist, ob nun wirklich z.b. *Geister* oder *magische Phänomene* dahinterstecken.

Alle diese Phänomene sind jedoch nicht wissenschaftlich beweisbar. Folgt man den Ergebnissen der parapsychologischen Forschung, dann kann man zu dem Schluß kommen, daß übersinnliche Phänomene illusionär sind. Es lassen sich aber auch Indizien dafür finden, daß derartige Phänomene hin und wieder auftreten. Diese Ergebnisse zeigen, daß übersinnliche Phänomene etwas sehr Schillerndes und wenig Greifbares darstellen. Die Gefahr, sich bei einer potentiellen eigenen übersinnlichen Erfahrung etwas einzubilden, halte ich aus diesem Grunde für sehr groß.

steckt hinter okkulten Erlebnissen?; ein Aufklärungsbuch. - Freiburg: Herder, 1997, S. 49.
3   Vgl.: Beloff, J.: Lehren aus der Geschichte der Parapsychologie, in: Zeitschrift für Parapsychologie und Grenzgebiete der Psychologie, 35(1993), Heft 3/4.
4   Vgl.: Haraldsson, E.: Und plötzlich hörte ich eine Stimme, in: TW Neurologie Psychiatrie, 10(1996), 4, S. 258 - 265.
5   Vgl.: Haraldsson, E.; Houtkooper, J.M.: Psychic Experiences in the Multi-National Human Values Study, in: Journal Am.Soc.Psych. Res. 85(1991), 2, S. 145 - 165.
6   Vgl.: West, D.J.: Visionary and hallucinatory experiences: A comparative appraisal. In: Int. J. Parapsychol. 2(1960), S. 89 - 100.

In den östlichen Religionen (Hinduismus / Buddhismus) gelten übersinnliche Phänomene, sogenannte Siddhis, als möglich. Es wird jedoch meist angeraten, diese Phänomene nicht direkt anzustreben und ihnen, wenn sie auftreten, keine besondere Aufmerksamkeit zu schenken. Denn diese Phänomene gelten als ein Hindernis auf dem Pfad der Meditation. Zu einem Hindernis können sie werden, wenn Meditierende über diese Phänomene ihr eigentliches Ziel aus den Augen verlieren. Die Ziele der Meditation können letztlich im Anstreben von Samadhi, Nirvana oder auch in der Einheit mit Gott liegen. Relativ gesehen können auch Achtsamkeit, Mitgefühl oder innere Ruhe Ziele der Meditation sein. In den östlichen Religionen wird gewarnt, daß diese letztlichen oder auch relativen Ziele der Meditation durch das Erleben von übersinnlichen Phänomenen aus dem Blickfeld geraten können. Gleichzeitig wird oft auch beschrieben, daß übersinnliche Fähigkeiten beim Fortschreiten auf dem spirituell-esoterischen Pfad zunehmen sollen.

In meinem Umfeld erlebe ich, daß spirituell-esoterisch Praktizierende oft beschreiben, daß sie gerade zu Beginn des spirituell-esoterischen Weges übersinnliche und spannende Phänomene erleben. Diese sind jedoch – ähnlich wie dies in der Parapsychologie beschrieben wird – nicht wiederholbar oder bewußt kontrollierbar. Praktizierende, die schon länger einen spirituell-esoterischen Weg gehen, kennen demgegenüber auch Phasen der Langeweile: Diese Phasen sind dadurch zu charakterisieren, daß wirklich nichts Außergewöhnliches – oder gar Übersinnliches – passiert. Gleichzeitig nehmen aber z.T. auch Einzelne wahr, daß sie begrenzte übersinnliche Fähigkeiten entwickeln, die meist jedoch nicht als spektakulär, sondern als gewöhnlich empfunden werden (z.B. Formen der Telepathie) – auch diese sind nicht bewußt kontrollierbar.

Aus all diesen Überlegungen und Erfahrungen möchte ich folgenden Schluß ziehen: Übersinnliche Phänomene sind eventuell möglich, aber es ist nicht ratsam, diese direkt zu suchen. Zum ersten wegen der immer bestehenden Möglichkeit, einer Illusion zu unterliegen. Zum zweiten, weil vielleicht nach dem Erleben einer übersinnlichen Erfahrung das Ziel der Meditation (z.B. Nirvana oder Achtsamkeit), das die Interessierten eigentlich erreichen möchten, vernachlässigt wird. Und zum dritten, weil derartige Phänomene nicht bewußt zu kontrollieren oder erlernbar sind.

Weitere Fragen lassen sich an diese Gedanken anschließen: Sind übersinnliche Erfahrungen überhaupt wichtig? Warum sind sie wichtig? Oder auch: Wann werden übersinnliche Erfahrungen persönlich bedeutsam? Diese Frage könnte eine interessante Forschungsfrage sein.

Mir geht es in meiner spirituellen Entwicklung vor allem um die Entwicklung von Mitgefühl, Achtsamkeit und Selbstakzeptanz. Von daher betrachte ich übersinnliche Phänomene eher als nebensächlich – denn zu dieser Entwicklung können sie kaum etwas beitragen.

Den UFO-Glauben möchte ich ebenfalls kurz kommentieren. UFO-Glaubende interessieren sich nicht direkt für potentielle UFO-Phänomene am Sternenhimmel – denn die Existenz von extraterrestrischen Raumschiffen und Leben halten sie bereits für gesichert. Sie nehmen an, daß sich verschiedene nicht sichtbare UFO-Flotten und UFO-Besatzungen um die Belange der Erdbevölkerung kümmern.

Die UFO-Glaubenden sehen sich bisweilen selbst als eine menschliche Verkörperung eines außerirdischen Wesens. Über telepathische Kontakte halten sie ihrer Meinung nach die Verbindung zum *Außenteam* im Raumschiff.

Für mich ist außerordentlich fragwürdig, ob UFO-Flotten mit bestimmten Absichten überhaupt existieren. Den UFO-Glaubenden reichen *telepathische Kontakte* als ein Beleg für die Existenz solcher UFO-Flotten offensichtlich aus. Mir würde dies nicht ausreichen, da offen bleibt, ob die telepathischen UFO-Botschaften nicht doch aus dem eigenen Bewußtsein oder Unterbewußtsein stammen. Möglicherweise erhalten UFO-Glaubende auch immer wieder *Zeichen*, die sie als UFO-Botschaften interpretieren. Dazu ist zu bemerken, daß die menschliche Psyche über erhebliche Fähigkeiten verfügt, auf Suggestionen zu reagieren. Beispielsweise ist es Menschen nach Beeinflussung möglich, ohne Verbrennungen barfuß über glühende Kohlen zu gehen (jedenfalls behaupten die Feuerläufer dies). Wenn dies möglich sein sollte, dann dürfte auch die Produktion von außergewöhnlichen Erlebnissen im Zusammenhang mit UFO-Vorstellungen für die Psyche kein Problem darstellen – diese Überlegung ist übrigens auch relevant für die Bewertung von potentiell übersinnlichen Phänomenen.

4. Motiv: Die Suche nach Heilung und Gesundheit

Viele spirituell-esoterische Interessierte sehnen sich danach, über derlei Methoden Gesundheit zu erlangen. Grundsätzlich halte ich es für relevant, die spirituell-esoterischen Heilmethoden – z.b. Aromatherapie, Ayurweda, Heilen mit Edelsteinen, Heilen mit Blütenessenzen, Reiki, Yoga, Geistheilung, Heilen durch mediale Botschaften und Heilung durch positive Affirmationen – bezogen auf ihre potentiellen Heilwirkungen nicht zu überschätzen.

Wenn Heilungen nach Anwendung dieser Methoden erfolgen sollten, ist dies nicht zwangsläufig nur der Methode, sondern möglicherweise auch anderen Ursachen zuzuschreiben. Denkbare Ursachen können beispielsweise Spontanheilungen sein, die hin und wieder auftreten, oder auch Placeboeffekte.[7] Aus meiner Sicht spricht aber wenig dagegen, diese Methoden einmal auszuprobieren. Allerdings halte ich es – besonders bei schweren Erkrankungen – für nachteilig und risikoreich, lediglich auf derartige Methoden zurückzugreifen und auf eine herkömmliche schulmedizinische Behandlung zu verzichten. Das Thema *Gesundheit und Krankheit* wird im Abschnitt 5.6 – Trost finden bei Krankheit und Tod noch eingehender behandelt.

---

[7] Placeboeffekt: Ein Medikament ohne Wirkstoff erreicht über die psychische positive Einstellung dennoch eine Wirkung.

5. Motiv: Suche nach Erlebnisintensität

Das Motiv der Suche nach Erlebnisintensität kann sich z.B. auf den Feuerlauf beziehen, auf Tantra-Seminare oder ähnliches. Das Tantra hat sich aus einem hinduistischen System entwickelt und wird im Westen eher als Methode zum befreiten Ausleben von Sexualität und Emotion verstanden. Der bereits verstorbene Osho (vormals Bhagwan) hat die westliche Vorstellung vom Tantra geprägt.

Die verschiedenen spirituell-esoterischen Angebote, die intensive Erlebnisse jedweder Art ermöglichen sollen, lassen sich von meinem Standpunkt aus mit Extremsportarten vergleichen. Gesucht wird der Nervenkitzel, das Aufregende und Spannende. Bei Extremsportarten (z.B. Drachenfliegen, Überlebenstraining, schwierigen Bergtouren usw.) geht es um die Überwindung von Angst und das Erleben von Mut, innerer Stärke und Zähigkeit. Darin mag ein gewisses Risiko stecken – aber anscheinend auch viel Lebensqualität.

Spirituell-esoterische Methoden, die intensive Erlebnisse vermitteln wollen, arbeiten ebenfalls mit starken Gefühlen wie z.b. Angst, Mut und Stärke, aber auch Hingabe und Ärger. Daran ist meiner Auffassung nach auch nichts auszusetzen. Schwierig wird es aus meiner Sicht dann, wenn sich Menschen von solchen intensiven Erlebnissen im spirituell-esoterischen Bereich einen langfristigen therapeutischen Erfolg erhoffen. Denn solche Intensiverfahrungen können eher kurzfristig beeindrucken – sie sind weniger dazu geeignet, belastende Konflikte aufzuarbeiten, dauerhafte Verhaltensänderungen zu erzielen oder ein gutes Verhältnis zu sich selbst aufzubauen. Therapeutische Prozesse, z.B. bei Angstproblemen, brauchen Zeit und einen individuell angemessenen Schonraum – beides ist in spirituell-esoterischen Kursen meistens nicht zu finden. Von daher würde ich spirituell-esoterische Seminare und Kurse, die Erlebnisintensität anbieten, nur jenen empfehlen, die über große innere Stabilität verfügen und kein Interesse und keinen Bedarf an Entwicklungen im therapeutischen Rahmen haben. Diese Überlegung läßt sich auch auf andere spirituell-esoterische Richtungen anwenden.

6. Motiv: Suche nach persönlichem Erfolg und Reichtum

Das 6. Motiv, die Suche nach persönlichem Erfolg und Reichtum, läßt sich auf die von mir genannten Mental- und Psychotrainings (das Positive Denken, esoterische Angebote für Führungskräfte, z.B. *Pranayama für Manager*, das Avatar-Training, das FORUM und Scientology-Kurse) nur bedingt anwenden. Persönlicher Erfolg und Reichtum werden zwar in diesen spirituell-esoterischen Richtungen behandelt, zusätzlich aber werden auch weitere Ziele angestrebt. Spirituell-esoterische Richtungen des Positiven Denkens versprechen beispielsweise Wirkungen ihrer Methoden bezogen auf alle möglichen Wünsche – vom geschäftlichen Erfolg bis hin zur harmonischen Partnerschaft. Zum Positiven Denken sei kurz erörtert: Eine mentale Strategie des Positiven Denkens besteht z.B. darin, sich konkrete Vorstellungen von dem zu machen, was man sich wünscht – in der Hoffnung, daß es dann eintritt. Dr. Joseph Murphy, ein Vertreter des positiven Denkens, bietet in seinem Buch DIE UNENDLICHE QUELLE IHRER KRAFT folgendes an:

> *Wenn sie dies [sc. das Buch lesen und alle Techniken anwenden] tun, werden Sie die Ihnen innewohnende unendliche Kraft für sich erschließen und Fehlschläge, Not, Elend und Depressionen ein für allemal hinter sich lassen. Die unendliche Kraft wird Sie unbeirrbar auf Ihren wirklichen Platz im Leben führen, wird Hindernisse und Schwierigkeiten beseitigen, wird Sie von Mangel und Eingeschränktheit befreien und auf den Weg zu der höheren Freude eines heiteren, wahrhaft befriedigenden Lebens*

bringen.[8]

DR. JOSEPH MURPHY

Der Autor weist ebenfalls darauf hin, daß mit Hilfe des Positiven Denkens ein *Schutz vor Gefahren* eintreten, *unheilbare Krankheiten* zurückgehen, *unerschöpflicher Reichtum* und vieles mehr entstehen soll.

Aus meiner Sicht sind Aussagen dieser Art unseriös, weil sie verschweigen, daß z.B. Fehlschläge oder Krankheiten Teil des Lebens sind. Wirkliches Positives Denken, das diese Bezeichnung verdient, beginnt für mich erst dann, wenn jemand z.B. Fehlschläge und schwierige Erfahrungen erlebt oder erlebt hat und trotzdem bereit ist, optimistisch und realistisch zu denken und zu handeln. Wer realistisch denkt, wird nicht ausschließen, daß z.B. Mißerfolge, Fehlschläge, Krankheiten oder Unfälle in der Zukunft auftreten können. Dies hält einen optimistischen Menschen jedoch nicht davon ab, sich für seine Wünsche, Bedürfnisse und Ziele einzusetzen. Er erliegt bei dieser Art des *Positiven Denkens* nicht der Illusion, daß nun alles durch die Kraft der Gedanken wunderbar und einfach würde, sondern ist bereit, Schwierigkeiten anzunehmen und sinnvoll damit umzugehen. Eventuelle Mißerfolge können so vielleicht sogar besser bewältigt werden. Diese Weise des wirklichkeitsnahen, optimistischen Denkens ist – wie ich meine – allemal förderlicher als ein trügerisches *Positives Denken*, wie Murphy es vorstellt.

Spirituell-esoterische Angebote für Führungskräfte passen eindeutiger zum 6. Motiv (Erfolg und Reichtum), denn sie haben das vorrangige Ziel, den wirtschaftlichen Erfolg eines Unternehmens oder einer Person zu verbessern.

Das Avatar-Training und das FORUM erfüllen demgegenüber auch Wünsche nach Selbsterfahrung und Selbstverwirklichung. Unter Selbstverwirklichung wird jedoch eher die Verwirklichung von persönlichen Lebenszielen

8 Murphy, J.: Die unendliche Quelle ihrer Kraft. - München: Ariston, 1981, S. 14.

verstanden: Erfolg im Beruf, in der Partnerschaft und in anderen Lebensbereichen.

Diese Richtungen habe ich alle unter *Mental- und Psychotrainings* zusammengefaßt, weil sie mit mentalen Strategien und Methoden arbeiten, die die psychische Struktur beeinflussen sollen. Eine Psychotechnik im Avatar-Training ist beispielsweise der *Samadhi-Tank*. In diesem Tank werden Personen von allen Außenreizen abgeschirmt. Als eine weitere Psychotechnik würde ich das scientologische *Auditing* beschreiben, das teilweise unter hypnotischen Zuständen stattfindet. Dabei werden emotional bedeutsame Erlebnisse so oft erzählt bis sie *emotionslos* wiedergegeben werden können.

Sicherlich ist fragwürdig, ob derartige Methoden tatsächlich hilfreich und sinnvoll sind und zu den gesteckten Zielen, wie z.b. persönlichem Erfolg, Reichtum oder sogar Erlösung führen können. Ich werde deshalb im Verlauf des Buches noch verschiedene Überlegungen und Aspekte vorstellen, die sich auch auf die Mental- und Psychotrainings anwenden lassen und zur eigenen Urteilsbildung angewandt werden können.

7. Motiv: Suche nach Harmonie zwischen Mensch und Natur

Die spirituell-esoterischen Richtungen des Schamanismus, die indianische Spiritualität, die afrikanische Spiritualität, die Spiritualität der Aborigines, die keltische Spiritualität und der Hexenkult u.a. können das 7. Motiv, die Suche nach Harmonie zwischen Mensch und Natur, bedienen. Möglich und denkbar ist aber auch, daß noch ganz andere Motive durch diese Richtungen befriedigt werden. Das können Motive sein, die sich auf ein intensives Erleben (5. Motiv), auf Heilung und Gesundheit (4. Motiv), auf das Erleben übersinnlicher Phänomene (3. Motiv) oder auf die Suche nach Frieden, allumfassender Liebe und Mitgefühl (8. Motiv) beziehen.

Ich habe mich bisher nur wenig mit diesen Richtungen beschäftigt und möchte daher nicht viel dazu erwähnen. Fragen möchte ich aber, ob diese Richtungen, die oft durch eine andere Kultur geprägt sind, sich in unsere Kultur übertragen lassen. Oft ist genau das *andere* und *nicht Übertragbare* an diesen Richtungen so ansprechend. Aus der Perspektive dieser Richtungen ist die oft hektische und konkurrenzorientierte westliche Kultur vielleicht besser zu durchschauen und leichter zu ertragen. Möglich bleibt aber, daß Irritationen durch diese Andersartigkeit entstehen. Ich empfehle, daß sich die Interessierten dieser Richtungen über ihre genauen Ziele, die sie mit diesen Wegen erreichen wollen, im klaren sind. Zum Beispiel kann die Teilnahme an einer *Schwitzhütte*, einem Reinigungsritual der amerikanischen Indianer, vergleichbar mit einer Sauna auf engstem Raum, aus meiner Sicht durchaus eine wertvolle und aufregende Erfahrung sein. Als unrealistisch würde ich jedoch einschätzen, wenn sich jemand durch die Teilnahme an einem Schwitzhüttenritual von allen Problemen des gestreßten, westlichen Lebensstils befreien möchte.

8. Motiv: Suche nach Frieden, allumfassender Liebe und Mitgefühl *und* 9. Motiv: Suche nach Erleuchtung oder Erlösung

Diese beiden Motive möchte ich zusammen betrachten, da auch die meisten spirituell-esoterischen Richtungen, die diese Motive bedienen, oft zunächst einmal Frieden, allumfassende Liebe und Mitgefühl verwirklichen wollen und in einem zweiten Schritt Erlösung oder Erleuchtung anstreben. Diese Gruppen und Richtungen bieten zum Teil komplexe und vielschichtige Lehren an, die einen umfassenden Anspruch besitzen. So werden in vielen Fällen auch Methoden zur Gewinnung von Heilung und Gesundheit durch diese spirituell-esoterischen Richtungen angeboten.

Grundsätzlich lassen sich Richtungen, die zu Frieden, allumfassender Liebe und Mitgefühl führen wollen, gut mit prüfenden Augen betrachten. Denn die Aktionen und Taten der Vertreterinnen und Vertreter dieser Richtungen lassen sich – wenigstens nach einiger Zeit – daraufhin bewerten, ob sie wirklich von dem Wunsch nach Frieden, Liebe und Mitgefühl getragen sind.

Schwieriger ist es, wenn spirituell-esoterische Gruppen, die Erleuchtung oder die Erlösung versprechen. Denn diese Zustände können – nach Auskunft dieser Gruppen – meistens erst nach dem Tode oder nach mehreren Leben erreicht werden. Von daher läßt sich nichts überprüfen.

Ich verstehe das Streben nach Erleuchtung oder Erlösung als ein menschliches Bedürfnis, das in etlichen religiösen Traditionen und spirituell-esoterischen Richtungen anzutreffen ist. Grundsätzlich kann ich den christlich, islamisch oder jüdisch geprägten Vorstellungen zur Erlösung mit Toleranz begegnen; die Erleuchtung, die eher Buddhisten und Hindus suchen, halte ich tendenziell für möglich. *Erleuchtung* ist für mich aber kein *Alles oder Nichts*-Prozeß, sondern ein graduelles Anwachsen von Weisheit und Mitgefühl.

Meiner Ansicht nach befinden sich leider unter den spirituell-esoterischen Gruppen, die so weitreichende Versprechungen machen, wie z.B. die Erleuchtung oder die Erlösung zu erlangen, die meisten sektiererischen Gruppen. Von daher meine ich, daß Interessierte bei solchen Richtungen besonders wachsam sein sollten. Eine bestimmte spirituell-esoterische Richtung kritisch zu betrachten und zu bewerten, kann aus meiner Sicht ein paar Jahre in Anspruch nehmen – dies sollte gerade dann so sein, wenn von diesen außerordentliche Ergebnisse versprochen werden.

Kapitel 4

Notwendige Qualitäten von Leitenden und Lehrenden spirituell-esoterischer Gemeinschaften und das Einschätzen dieser Qualitäten durch Mitglieder und Lernende

In diesem Kapitel werde ich vereinfachend für die Vielzahl von Titeln, die leitende Personen in spirituell-esoterischen Richtungen haben können, von *Lehrenden* sprechen, was sowohl männliche als auch weibliche Personen einschließt.

Wie läßt sich prüfen, ob der Anspruch einer leitenden Person, eine besondere Rolle einzunehmen, tatsächlich ihren wirklichen Qualitäten entspricht? Bei dieser Frage geht es primär um die *inneren Qualitäten*, die nicht direkt beobachtet werden können. Um eine bestimmte Lehrperson kritisch zu bewerten, muß demnach vom Verhalten auf potentielle innere Qualitäten geschlossen werden. Dies erweist sich sehr schnell als schwierig, denn z.b. ein Verhalten, das im positiven Sinne als radikale Aufrichtigkeit begriffen werden könnte, läßt sich im negativen Sinne als rechthaberische Intoleranz verstehen. In erster Linie ist der Umgang der Lehrenden mit den Schülerinnen und Schülern zu betrachten. Ist blinder Gehorsam gefordert, obwohl gleichzeitig Selbstverantwortung gepredigt wird? Werden Wahrheiten aufgezwungen, oder wird ermöglicht, den eigenen Weg zu finden – selbst dann, wenn dieser zu anderen Erkenntnissen führt? Um bei der Beurteilung keine voreiligen Fehlschlüsse zu ziehen, ist es ratsam, die lehrende Person sorgfältig zu betrachten. Dazu will ich in diesem Kapitel einige Anregungen geben.

4.1 Der Beginn: Die Begegnung mit Lehrenden spirituell-esoterisch Richtungen

Lehrende Personen spirituell-esoterisch Richtungen sollten nichts gegen einen sorgfältigen Prozeß des Prüfens einzuwenden haben.

Viele der Lehrenden geben an, daß sie selbst auf dem Weg vorangeschritten sind oder sich sogar völlig verwirklicht haben. Über einige wird dies nur gesagt – sie behaupten dies nicht selbst. Wird dies von Interessierten geglaubt, dann verleitet es vielleicht zu der Haltung: ›Mein Lehrer weiß besser, was für mich gut ist. Wie soll ich ihn beurteilen, wo ich doch selbst noch am Anfang stehe?‹

Dieses Denken ist verständlich – gerade dann, wenn jemand von der Präsenz und dem Charisma eines Lehrers überwältigt ist. Trotzdem: Wer so denkt, setzt gleich zu Beginn der Begegnung mit einer Lehrperson das eigene Fühlen und Denken außer Kraft.

Meiner Erfahrung nach ist es wichtig, sich Zeit zu nehmen und kritisch zu hinterfragen, ob die Lehrperson wirklich vertrauenswürdig ist. Diese Prüfung kann Jahre dauern. Die Begegnungen von Swami Vivekananda und Sri Ramakrishna zeigen etwas von dem Mut, den Lehrer auf die Probe zu stellen:

> *Von Kindheit an auf der Suche nach Gott, und trotzdem seiner Natur nach ein Skeptiker, glaubte Vivekananda nur, was er aus eigener Erfahrung kennengelernt hatte. Als Achtzehnjähriger trat er vor Sri Ramakrishna und fragte ihn statt aller Begrüßung: »Habt Ihr Gott gesehen?« »Ja, deutlicher als ich dich vor mir sehe« »Könnt Ihr ihn mir zeigen?« »Ja, das kann ich.«*
>
> *Und durch Handauflegen versetzte der große Meister den jungen Schüler in einen übersinnlichen Zustand. Trotz aller Erschütterung behauptete Vivekananda, er sei von diesem Vorgang unangenehm berührt gewesen und mied Sri Ramakrishna längere Zeit danach als einen alten, etwas verschrobenen*

Ekstatiker. Und selbst viel später, als Ramakrishna [...] äußerte, es gebe nichts außer Brahman, alles sei Gott, fragte Vivekananda ihn voller Ironie: »Auch das Glas, auch der Tisch, auch der Stuhl?« Seine Zweifel fielen erst dann von ihm ab, als der Meister ihn in einen Zustand des Gottesbewußtseins versetzte, indem er drei Tage lang nichts anderes wahrnahm als Brahman, auch im Glas, auch im Tisch, auch im Stuhl.[1]

Die skeptische Einstellung von Swami Vivekananda hat seine Beziehung zu Sri Ramakrishna, seinem Lehrer, sogar vertieft und verbessert. In ähnlicher, kritischer Weise sollten auch spirituell-esoterisch Interessierte an ihre Lehrenden herantreten.

Bei einer Begegnung mit Lehrenden ist es angebracht, eine offene, aber wachsame Haltung zu entwickeln – ganz gleich, was diese über sich selbst sagen. Offensein meint, hinzuhören, worum es den Lehrenden geht. Es ist möglich Bücher zu lesen, Vorträge zu hören, Seminare zu besuchen. Vielleicht sind sogar Kassetten und Videos erhältlich. Diese sollten aber mit dem eigenen Erfahrungshintergrund und Wissen aufgenommen werden – auch das eigene Gefühl, das dabei entsteht, ist ein wichtiger Anzeiger. Und beides, Gefühl und Verstand, sollte in den Prozeß des Prüfens eingebracht werden.

Da Sekten mehr oder minder auch Tricks und Täuschungen anwenden, um neue Mitglieder für sich zu gewinnen, nenne ich einige Strategien, die vor Anwerbeversuchen von Sekten schützen können. Mit diesen Strategien lassen sich aber auch förderliche spirituell-esoterische Richtungen prüfen.

Der erste Kontakt findet bei größeren Organisationen oft zunächst einmal mit den Mitgliedern statt. Diese sind, wenn es sich um Sekten handelt, gezielt für die Anwerbung geschult worden. Die Anwerbenden wissen dem-

1 Aus: Swami Vivekananda: Karma-Yoga und Bhakti-Yoga, - Freiburg: Bauer Verlag, 1990, Vorwort.

nach genau, was sie von einem Menschen, den sie ansprechen, möchten. Dies weiß die angesprochene Person jedoch nicht. Sie kann den Kontakt fälschlicherweise als privat empfinden. Wenn jemand den Eindruck hat, daß er oder sie angeworben werden soll oder wenn jemand ganz allgemein mit einer spirituell-esoterischen Richtung in Kontakt kommt, lassen sich zum Schutz und zur Überprüfung folgende Strategien einsetzen:

1. Keine persönlichen Informationen geben
2. Unbequeme Fragen stellen
3. Gezielt Informationen suchen
4. Nicht allein gehen - Befreundete und Bekannte mitnehmen

Das Geben von persönlichen Informationen würde ich vermeiden, da sektiererische Organisationen diese gezielt verwenden, um eine Person an sich zu binden. Einer Person, die preisgibt, daß sie sich einsam fühlt, wird dann insbesondere ein Kontakt offeriert. Eine spirituell interessierte Person wird in Diskussionen über *geistige und mystische Themen* verwickelt. So bekommt jede Person zunächst einmal das, was sie braucht oder interessiert. Damit neue Personen bei der Gruppe bleiben, werden diese z.T. auch gezielt mit Lob, Schmeicheleien und Sympathie bedacht (*Love-bombing*). Einige Sekten schrecken auch nicht davor zurück, sich regelmäßig bei potentiell Interessierten zu melden, wenn sie einmal Adresse und Telefonnummer erhalten haben. Von daher rate ich zur Zurückhaltung, wenn es um persönliche Informationen geht.

Das Stellen unbequemer Fragen kann ein weiterer Schutz vor Sekten sein. Angesprochene können der Person, die sie anwerben möchte und anderen der Organisation, z.B. folgende Fragen[2] stellen:

2 Vgl.: Hassan, Steven: Ausbruch aus dem Bann der Sekten. - Reinbek bei Hamburg: Rowohlt, 1993, S. 191 - 196.

1. *Wie lange sind Sie schon dabei? Haben Sie ihr Studium abgebrochen oder ihren Beruf aufgegeben, um der Organisation beizutreten? Von welchen finanziellen Einkünften leben Sie? Hat sich Ihr Freundeskreis seit dem Beitritt verändert?*

    Durch die erste Frage informiert sich die angesprochene Person erst einmal über das Mitglied. Im Fall des Versuchs einer Sektenanwerbung kann die angesprochene Person abschätzen, ob sie es mit routinierten, überzeugten Anhängern zu tun hat oder einem neuen, vielleicht unsicheren Mitglied. Hat ein Mitglied Studium oder Beruf aufgegeben, um der Gruppe beizutreten, dann ist das ein erster Hinweis auf eine sektiererische Tendenz der Gruppe. Auch eine finanzielle Abhängigkeit von der Gruppe und ein Verlust des früheren Freundeskreises deuten auf sektiererische Mechanismen hin (vgl. 6.2. Kontakte zu Befreundeten und Angehörigen).

2. *Welche Organisation vertreten Sie? Welche Unterorganisationen gehören dazu? An was glauben Sie?*

    Eine Person, die anwerben möchte, sollte klar und ohne Zögern alle Organisationen benennen können, die sie vertritt. Verschleierungen und ausweichende Antworten sind Hinweise auf sektiererische Täuschungsmanöver. Sekten möchten potentiell Interessierte nämlich vorerst langsam einbinden (dazu benötigen sie die persönlichen Informationen), und erst nach der Entstehung einer ersten Sympathie wollen sie ihre genaue Identität preisgeben. Zentrale Glaubensannahmen sollen in sektiererischen Organisationen auch oft erst nach einer Verpflichtung und Einbindung deutlich werden. Wenn Interessierte schon einen Schritt auf die Gruppe zu gemacht und Vertrauen zu einzelnen Mitgliedern gefaßt haben, sind sie eher bereit, auch unrealistische Glaubensannahmen kritiklos zu übernehmen. Seriöse Organisationen sollten demgegenüber ihre zentralen Ziele und Glaubensannahmen vor einem Beitritt oder vor der Teilnahme an einem Kurs offenlegen.

3. *Wer ist oberste Führerin oder oberster Führer, welche Qualifikationen liegen vor, sind Straftaten begangen worden?*

   Mitglieder sollten auf diese Fragen klare Antworten geben können. Ist dies nicht möglich, dann liegt ein Hinweis auf eine sektiererische Tendenz der Gruppe vor.

4. *Sind sie in allen Punkten mit der Führungsperson einer Meinung? Welche drei Dinge gefallen Ihnen nicht an der Organisation oder der führenden Person?*

   Ein Sektenmitglied wird die erste Frage bejahen. Zudem kann es keine – auch keine vorsichtigen – Kritikpunkte an Organisation oder Führungsperson benennen. Demgegenüber sollten Anwerbende förderlicher Organisationen eine eigene Meinungen deutlich machen und konkrete Kritikpunkte benennen können.

5. *Sind Täuschungen und Lügen in der Gruppe unter gewissen Umständen erlaubt, z.B. dann, wenn es um die Anwerbung von neuen Mitgliedern geht?*

   Sektiererische Organisationen arbeiten mit Täuschungen und Lügen, gerade dann, wenn es um die Anwerbung von neuen Mitgliedern geht. Ein Seminar, das zur Gruppe hinführen soll, wird beispielsweise als *Wochenendausflug*[3] getarnt. Oder es wird vorgetäuscht, daß es bei der Anwerbung um die Entstehung einer persönlichen Freundschaft ginge, nicht aber um die Bekehrung in die Organisation. Anhand der ausweichenden und der nonverbalen Reaktion der Anwerbenden können angesprochene Personen abschätzen, ob solche Methoden möglicherweise zur Anwendung kommen. Seriöse Orga-

---

3   Vgl.: Hassan, Steven, a.a.O.

nisationen setzen keine Tricks und Täuschungen zur Anwerbung ein.

6. *Kennen Sie Ex-Mitglieder der Gruppe? Warum sind diese ausgetreten? Wie stehen Sie zu den Ex-Mitgliedern? Haben Sie Kontakt zu Ex-Mitgliedern? Wenn nein, warum nicht?*

Diese Frage werden Sektenmitglieder in dem Sinne beantworten, daß sie keinen Kontakt haben und wahrscheinlich auch noch nie mit einem Ex-Mitglied länger über die Austrittsgründe gesprochen haben. Sie sind der Meinung, daß sich Ex-Mitglieder auf einem falschen, möglicherweise sogar *teuflischen* Weg befinden. Kontakt, Respekt und Wertschätzung für die Ex-Mitglieder sind unter diesen Bedingungen nicht denkbar. Mitglieder förderlicher spirituell-esoterische Organisationen sehen dies anders: Sie haben möglicherweise Kontakt zu den Ex-Mitgliedern – auch, wenn sie deren Entschluß vielleicht nicht begrüßen – und sie respektieren deren Entscheidung.

Die Suche nach gezielten Informationen kann sich, gerade bei kleinen Organisationen, als schwierig gestalten. Trotzdem ist es wichtig, daß sich Interessierte erkundigen, nicht nur bei den der Gruppe Wohlgesonnenen, sondern auch bei Kritikern oder Ex-Mitgliedern. Dann kann ein *ganzes Bild* entstehen – und nicht bloß eines, das von schönen Versprechungen geformt ist. Sektenberatungsstellen, die z.B. auf themenbezogene Literatur hinweisen, können in diesen Fällen behilflich sein. Seriöse Organisationen sollten gegen den Versuch, möglichst umfassende Informationen einzuholen, nichts einzuwenden haben.

Mein letzter Hinweis zielt vor allem auf junge und spirituell-esoterisch unerfahrene Personen ab. Wer Befreundete zu spirituell-esoterischen Kursen oder Seminaren mitnimmt, muß nicht allein bewerten, was vorgestellt wird und geschieht, sondern kann auf Gespräche mit einer vertrauten Person zurückgreifen. Das kann hilfreich sein – Interessierte sollten deshalb auch nicht zulassen, wenn man sie im Kurs voneinander trennen möchte. Solche Versuche sind meist ein Anzeichen für sektiererische Mechanismen.

Grundsätzlich lassen sich folgende, wichtige Kriterien benennen, die förderliche von sektiererischen Organisationen beim beginnenden Kontakt unterscheiden: Förderliche Organisationen benennen offen ihre Ziele und Anschauungen, sie verschleiern und täuschen nicht, sie unterstützen eine sorgfältige Betrachtung der Gruppe und drängen wirklich niemanden in irgendeiner Form zum Beitritt.

4.2 Verantwortung akzeptieren

Lehrende spirituell-esoterischer Richtungen sollten für ihre Aussagen einstehen und diese verantworten können.

Ich möchte dazu einige Qualitäten von Lehrenden erläutern, die ich für unabdingbar halte.

Zunächst ein scheinbar leichtes Kriterium zur Prüfung von Lehrenden – das oft nicht erfüllt wird: Viele medial begabte Menschen, die *höhere Wesen* channeln und sich selbst als Lehrende bezeichnen, ziehen sich im Zweifelsfalle darauf zurück, daß sie nicht selbst etwas gesagt haben, sondern ein *Geist*, der durch sie sprach. Beim Channeling (channel = engl. für Kanal) gehen die Mitglieder davon aus, daß *Geister* oder *höhere Energieformen* in den Körper eines Menschen eindringen und durch diesen sprechen. Auf diese Weise entstehen mitunter ganze Buchbände, die von einem *Geist* diktiert wurden. Die Bücher von Jane Roberts, die *Seth* channelte, sind beispielsweise so entstanden.[4] Auch die Veröffentlichungen von Alice Bailey, einer Vertreterin der Theosophie, gehen auf ein Geistwesen mit der Bezeichnung *Dwjhal Kul* zurück. Dies ist gesamtgesehen problematisch, da beim Channeling immer Fragen offen bleiben.

Offen bleibt, wer oder was sich beim Channeling eigentlich mitteilt. Ich vermute, daß sich oft nur mehr oder

---

4   Vgl.: Roberts, Jane: Gespräche mit Seth. - München: Goldmann, 1986.

minder unbewußte Anteile der irdischen Autoren mitteilen. Für diesen Fall ist zu kritisieren, daß den Lesenden ein nicht existentes Geistwesen als Autor präsentiert wird – vielleicht nur, um die Auflage des Buches zu erhöhen.

Anhänger der durch Channeling entstandenen Literatur mögen an dieser Stelle vielleicht einwenden, daß es sich *wirklich* um Geistwesen handelt, die sich mitteilen wollen. Falls dies so sein sollte, werden weitere Fragen aufgeworfen: Die erste Frage wäre, warum sollte ich etwas von einem Geist lernen können? Für mich sind oft gerade typisch *irdische Fragen* bedeutsam – mit diesen muß sich ein Geist aber gar nicht auseinandersetzen. Von daher kann ich nur begrenzt etwas aus *seiner Sicht* lernen.

Ein zweite Frage betrifft die Qualifikationen des Geistwesens – diese kann ich nicht überprüfen, da ich nichts über dieses Wesen weiß. Außer einem Namen und verschiedenen Angaben, die das Wesen wiederum nur über sich selbst macht, kann ich keine Informationen erhalten. Wer beweist mir denn, daß es sich wahrhaftig um ein weises und entwickeltes Wesen handelt – und nicht um einen vorwitzigen, geschwätzigen Geist?

Dies erkennt man – so könnte eingewandt werden – wiederum anhand der entstandenen Literatur. Dies mag für einige Bücher auch zutreffen – in den allermeisten Fällen bin ich aber zu dem Schluß gekommen, daß derartige Bücher keine außerordentlichen Erkenntnisse enthalten. Zu diesem Punkt mag es freilich verschiedene Auffassungen geben.

Mit Sorge und Skepsis betrachte ich auch den Umstand, daß die irdischen Autorinnen und Autoren der gechannelten Bücher zum Teil keine Verantwortung für das übernehmen, was durch sie mitgeteilt wurde. So sprach beispielsweise die Psychologin Dr. Fittkau-Garthe, die 1998 der Vorbereitung des Gruppensuizides auf Teneriffa beschuldigt wurde, davon, daß nicht sie, sondern eine kosmische Kraft namens *AIDA* alle Vorgänge zu verantworten habe. Denn AIDA habe ihr beim Channeling diverse Schreiben diktiert, die sie nur *weitergegeben* habe. [5]

Würde Frau Fittkau-Garthe selbst für ihre Aussagen einstehen und diese verantworten, dann könnte sie sich nicht darauf berufen, daß AIDA nun den (wahrscheinlich) geplanten Selbstmord ihrer Mitglieder initiiert habe. Ein *Channeling* läßt immer eine Hintertür zur Distanzierung offen – die Frau Fittkau-Garthe in diesem Falle auch nutzt.

Wenn spirituell-esoterisch Lehrende etwas mitteilen, dann sollten sie dies grundsätzlich auch selbst vertreten und verantworten können. Erst dann kann mit konkreten Menschen diskutiert und in Zweifelsfällen um Wahrheit und Bedeutung gerungen werden. Wenn nun Geister oder höhere Energieformen lehren, die auf der irdischen Ebene nicht für ihr Wort einstehen können, dann wissen Interessierte überhaupt nicht mehr, mit wem sie es zu tun haben.

Deshalb rate ich, sich nur an solche Lehrenden zu halten, die mit ihrer Person und ihrem Leben für ihre Aussagen einstehen. Lehrende sollten ihre Positionen erläutern können und sich im Ernstfall eben nicht darauf zurückziehen, daß sie etwas nicht selbst gesagt haben. Sie sollten aufrichtig ihren Mitgliedern Rede und Antwort stehen können, wenn diese Fragen und Zweifel haben oder Unerwartetes eintritt.

4.3 AUTHENTIZITÄT

Lehrende spirituell-esoterischer Richtungen sollten leben können, was sie lehren.

Auch diese Qualität: ›Lehrende leben, was sie lehren‹, gilt als selbstverständlich. Dennoch sollten sich Interessierte die Mühe machen zu überprüfen, ob die jeweilige Lehre tatsächlich gelebt wird. Dabei können folgende Anhaltspunkte hilfreich sein:

---

5   Aus: „Der Spiegel", 5(1998), S. 20; Weitere Informationen zur Gruppe um Frau Fittkau-Garthe sind zu finden bei der Evangelischen Informationsstelle: Kirchen - Sekten - Religionen, Schweiz. Internet - Veröffentlichungen der Informationsstelle unter: `http://www.ref.ch/zh/infoksr/Sekte.html`

- Wie verhalten sich die Lehrenden in ihrer eigenen Familie, in ihrem Beruf, in ihrem persönlichen Alltag und welche Ausbildungen haben sie?

Vielleicht lassen sich über diese Dinge Auskünfte einholen. Wenn ja, dann spricht meiner Meinung nach *für* eine lehrende Person, wenn sie selbst ihre Aussagen umsetzt, wenn sie ausgeglichen und verantwortlich mit ihrer eigenen Familie umgeht und möglicherweise auch über eine – von der spirituell-esoterischen Entwicklung unabhängige – Ausbildung verfügt. Zudem spricht eine eigene Berufspraxis für einen authentischen Umgang mit den spirituell-esoterischen Inhalten, die gelehrt werden.

Lehrende, die ihre eigenen Aussagen umsetzen, sollten z.B. meditieren, wenn sie eine Meditationspraxis empfehlen. Wenn sie ihren Mitgliedern Güte und Wärme ans Herz legen, dann sollten sie auch selbst diese Qualitäten ausstrahlen. Sie sollten auch enthaltsam leben, wenn sie Enthaltsamkeit nahelegen.

Ein besonders gutes Zeichen ist für mich dann gegeben, wenn Lehrende an sich arbeiten, um eigene Schwächen abzubauen oder auszugleichen. Dies müssen sie jedoch sicherlich nicht in aller Öffentlichkeit tun. Vielleicht läßt sich an ihrem Verständnis für die Schwächen ihrer Mitglieder erkennen, daß sie diese auch von sich selbst kennen. In einer solchen Atmosphäre werden Schülerinnen und Schüler sich eher gefördert und akzeptiert fühlen.

Eine weitere Möglichkeit, mit der sich entscheiden läßt, ob Lehrende leben, was sie lehren, ist die folgende: Wenn Lehrende von *Liebe* sprechen, können sich Interessierte selbst fragen, was unter *Liebe* verstehen:

Übung: Was bedeutet Liebe für mich?

Bereiten Sie für diese Übung einen ruhigen und warmen Platz vor, an dem Sie ungestört sein können. Entspannen Sie dann Ihren Körper. Gehen Sie gedanklich von den Fußsohlen bis zum Scheitel und sagen Sie sich: Ich entspanne jetzt meine Füße, ich entspanne meine Unterschenkel, usw. – bis Sie körperlich bis

zum Scheitel entspannt sind. Manche Menschen haben Schwierigkeiten damit, etwas zu visualisieren. Machen Sie in diesem Falle die Übung ein paarmal nur bis zur Entspannungsphase. Gehen Sie später in den visualisierenden Teil. Fragen Sie sich dann:

> Was ist für mich Liebe?
>
> Was bedeutet für mich Liebe?
>
> Welcher Mensch war liebevoll zu mir?

Anhand der entstehenden Eindrücke, es können innere Bilder, Gerüche oder Töne sein, bekommen Sie Kontakt zu Ihrer Vorstellung von Liebe. Bleiben Sie in der Übung einige Minuten bei diesen Eindrücken und kehren Sie dann zur äußeren Realität zurück.

Sprechen Sie nach der Übung die Worte: »Ich bin wieder wach und bewußt«, und halten Sie Ihre Erfahrung schriftlich fest.[6]

Anhand dieser Eindrücke aus der Übung läßt sich vergleichen, ob Lehrende eine ähnliche oder eine völlig andere Vorstellung von Liebe haben. Als Interessierte können Sie beurteilen, ob Ihre Vorstellungen zusammen passen. Ergänzen sich Ihre Vorstellungen oder sind Ihre Ansichten und Gefühle sogar konträr?

Diese Übung läßt sich mit anderen Begriffen wiederholen. Was bedeutet z.B. der Begriff *Gerechtigkeit*? Oder *Freiheit*? Ziel der Übung ist, daß Interessierte einen Kontakt zu ihren eigenen Empfindungen bekommen und vergleichen, ob die Lehrenden mit *Liebe*, *Gerechtigkeit* oder *Freiheit* etwas ähnliches verbinden. Fälschlicherweise gehen nämlich viele davon aus, daß alle Menschen z.B. unter *Liebe* dasselbe verstehen wie sie selbst. Realistischer ist, daß alle individuelle Zugänge zur Liebe haben.

Durch die Übung können Interessierte außerdem ein Gespür dafür entwickeln, ob bei den Lehrenden das Wort

---

6   Ähnliche Übungen lassen sich finden in: Caddy, E.; Platts, D.E.: Bring mehr Liebe in dein Leben – du hast die Wahl. - Braunschweig: Aurum-Verlag, 1996.

Liebe mit einer tiefen Bedeutung verbunden wird oder ob sie es nur wie eine nichtssagende Floskel benutzen.

4.4 SERIOSITÄT

Lehrende spirituell-esoterischer Richtungen sollten nicht primär auf materiellen Erfolg aus sein, wenn sie andere Werte als bedeutsam hervorheben.

Wenn materielle Motive bei Lehrenden im Vordergrund stehen, obwohl sie andere Werte wie z.B. bedingungslose Liebe, Weisheit und innere Erkenntnis ansprechen, ist Vorsicht geboten. Lehrende, die wirklich spirituelle Erfahrungen gemacht haben, werden Geld eher als sekundär betrachten, weil sie aus anderen Quellen leben. Ihr Streben wird auf den inneren Prozeß, Güte und Zufriedenheit ausgerichtet sein. Solche Lehrenden werden ihr Wissen nicht teuer verkaufen, sondern allen zugänglich machen, die daran interessiert sind – auch den Ärmeren (z.B. durch Ermäßigungen). Das bedeutet für mich aber nicht, daß Reichtum generell mit einem spirituell-esoterischen Wachstum unvereinbar wäre.

Beim Umgang mit Geld im Bereich der Spiritualität und Esoterik sollten Interessierte aus meiner Sicht grundsätzlich sehr pragmatisch bleiben und z.B. keinen Kurs für 8.000 DM belegen, wenn sie das Geld nicht haben. Einige Lehrende spirituell-esoterischer Richtungen arbeiten mit perfiden Methoden, wenn es ums Geld geht: Sie suggerieren den Interessierten, daß sich die hohen Schulden, die sie jetzt für die Teilnahme an einem Kurs machen sollten, in einem nächsten Leben auszahlen werden. Zugleich könnte durch diese Anstrengung auch anderen Menschen geholfen werden. Dies ist natürlich äußerst fragwürdig. Ein solcher Ansatz spricht gegen das Prinzip, das ich für bedeutungsvoll halte, daß nämlich eine spirituell-esoterische Lehre in diesem Leben einen Nutzen haben und nicht zu neuen Problemen (z.B. durch Überschuldung) führen sollte.

Wer auch in spirituell-esoterischen Bereichen praktisch

und alltagsnah mit Geld umgeht, wird sicher gut zurechtkommen. So, wie bei anderen Ausgaben, sollten auch bei spirituell-esoterischen Seminaren und Kursen Kosten und Nutzen abgewägt und das eigene Budget beachtet werden. Denn drei Tage mit einem Heiler oder einem Meister können das ganze Leben keinesfalls viel angenehmer machen oder völliges Glück bringen. Unseriöse spirituell-esoterische Lehrende gaukeln den Suchenden vor, sie könnten dies leisten. Oder sie versprechen eine Art *Initialzündung*, die dann wie von selbst dafür sorgen könnte, daß das Leben immer besser wird – bis hin zur Erleuchtung oder Erlösung. Realistisch ist demgegenüber, daß sich Kursteilnehmer auch nach einem wunderbaren spirituell-esoterischen Seminar immer wieder in Situationen befinden werden, die eine Herausforderung darstellen, die Unsicherheiten beinhalten oder schwierig sind. Ehrliche Lehrende werden dies nicht verschweigen, sondern darauf hinweisen. Sie werden die Teilnehmenden ermutigen, solche Schwierigkeiten anzunehmen und daran erinnern, daß es möglich ist, auch in problematischen Situationen Mut und Kraft aufzubringen, um dann eine angemessene und *eigene* Lösung zu finden.

4.5 Respekt

Lehrende spirituell-esoterischer Richtungen sollten ihre Schülerinnen und Schüler respektieren.

Eine gute Beziehung zwischen Lehrenden und Lernenden gründet sich auf Freiwilligkeit von beiden Seiten. Keiner darf zu einem solchen Verhältnis genötigt werden: Weder am Anfang noch im Verlauf einer solchen Beziehung. Um Mißverständnissen vorzubeugen, sollten Absprachen getroffen werden. Beispielsweise ist der Eintritt in einen religiösen Orden meist durch klare Absprachen und Verpflichtungen begleitet. In fast jedem Orden gibt es Novizen-Zeiten oder sogar Zeiten, um ein *Kloster auf Probe* zu erleben. Diese Zeiten sind dazu da, um sich anzunähern, aber auch, um wieder Abstand nehmen zu können, wenn die Interessierten gemerkt haben, daß das klösterliche Leben nicht zu ihnen paßt.

Gute Lehrende und seriöse Organisationen zeichnen sich in ähnlicher Weise dadurch aus, daß sie eine schrittweise Annäherung zulassen und jeden Schritt des tieferen Sicheinlassens mit der Lernenden besprechen. Sie werden dann sowohl begleitet und gefördert als auch gebremst, wenn sie vorschnell allzu große Verpflichtungen auf sich laden wollen. Lernende wissen dadurch, wo sie stehen und was von ihnen erwartet wird. Sie können stufenweise selbst entscheiden, welche Verbindlichkeiten sie eingehen möchten. Es spricht für den Respekt der Lehrenden gegenüber den Lernenden, wenn sie diesen Prozeß nicht beschleunigen und eigene Entscheidungen akzeptieren.

Respekt wird auch deutlich, wenn Lehrende nur das von den Schülern möchten, was diese auch einlösen können. Wenn z.B. von Lernenden verlangt wird, daß sie sich innerhalb weniger Monate völlig ändern, dann werden diese einem enormen *spirituellen Leistungsdruck* ausgesetzt. Dieser ist daran erkennbar, daß man mit sich selbst völlig unzufrieden ist, sich als unrein, unfertig oder unzulänglich wahrnimmt. Aus diesen Empfindungen heraus setzt sich eine betroffene Person vielleicht noch stärker unter Druck, um endlich so zu werden, wie es gewollt wird bzw. wie es den Normen der jeweiligen Gruppierung entsprechen soll.

Manchmal setzen sich Mitglieder – ohne daß dies seitens der Lehrenden gewollt wird – selbst unter einen solchen spirituellen Leistungsdruck. Geht dieser Druck aber von den Lehrenden aus, dann läßt sich das z.B. daran erkennen, daß sie die oben dargestellte Annäherung (Novizen-Zeit) nicht ermöglichen und unklare, schwierige und immer neue Anforderungen stellen. Darunter verstehe ich beispielsweise Anforderungen, wie: »Sie sollten die trilungatorische Ebene erreichen.«[7] Solche Aufforderungen, sie mögen dem Vokabular der jeweiligen Gruppierung

---

7 Der Begriff „trilungatorische Ebene" ist von mir frei erfunden.

entsprechen, bleiben mitunter aber völlig undeutlich und sind somit von vornherein nicht erfüllbar.

Eine weitere unlösbare Anforderung ist meines Erachtens auch eine solche: »Sie sollten keine Bedürfnisse haben.« Sektiererische Organisationen setzen ihre Mitglieder durch unerfüllbare Anforderungen dieser und ähnlicher Art unter enormen Druck. Sie zeichnen sich dabei durch eine besonders rigide und strenge Form aus (...*das muß sein!*). Abweichungen werden nicht zugelassen, andere Verhaltensweisen werden bestraft und in unübersichtlicher Form werden immer wieder neue Anforderungen erfunden, die – wiederum ohne Absprache – von den Mitgliedern wie selbstverständlich erfüllt werden sollen.

Bei einem solchen Vorgehen der Sekte können Mitglieder, solange sie nicht ausbrechen, nur in einen Teufelskreis geraten: Da sie die Anforderungen nicht erfüllen, fühlen sie sich schlecht und minderwertig. Gerade, weil sie sich so fühlen, erhoffen sie Hilfe von ihren Lehrenden und möchten, um diesen zu gefallen, endlich alle Anforderungen erfüllen. Da sie diese wiederum nicht erfüllen können, fühlen sie sich schlecht . . .

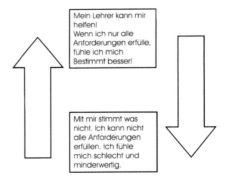

Abbildung 4.1: Teufelskreislauf des spirituellen Leistungsdrucks

Manipulatorische Lehrende verstehen es zudem, das, was ihre Anhänger selbst möchten, als Form des Egoismus darzustellen. Sie behaupten dann z.B., daß nur ein bedingungsloses Gehorchen ihnen gegenüber den angeblichen *Egoismus* durchbrechen könne. Solche Lehrenden sprechen auch gerne von der Selbstverleugnung oder von der Überwindung der *niedrigen* Persönlichkeit. Kernannahme ist dabei immer, daß ein Mitglied – so wie es ist – irgendwie *nicht gut* oder akzeptabel sei. Diese angebliche Minderwertigkeit kann, wie sollte es anders sein, nur durch den Kontakt zu den Lehrenden aufgehoben werden.

Typisch für das entwürdigende Vorgehen einiger Sekten ist zudem, daß Lehrende bisweilen Sexualität gebieterisch verbieten oder einfordern. Vergleichbar an dem Verbot von Sexualität und an dem Einfordern von Sexualität durch Sekten ist, daß die Bedürfnisse der Person, um die es geht, nicht beachtet werden und keinen Raum erhalten.

Ein anderes, besonders respektloses Vorgehen liegt ferner vor, wenn es Lehrende verstehen, ihre Mitglieder wie Kinder anzusprechen. Das können sie tun, indem sie ein vorwurfsvolles: »Sitzen Sie gerade« oder »Essen Sie bitte Ihren Teller leer« äußern. Es ist in manchen Situationen sehr leicht, sich wieder als Kind und den anderen als Mutter bzw. Vater zu erleben. Dies geschieht meist unbewußt, und es eröffnet die Möglichkeit, daß Mitglieder sich, wie vormals den Eltern, den psychologisch geschickten Lehrenden unterordnen. Dann übernehmen die Mitglieder auch schnell die von den Lehrenden vertretenen Werte, Meinungen und Ansichten. Diese werden möglicherweise als die einzig denkbaren oder als die einzig moralisch verantwortbaren Werte dargestellt. Der Aspekt, daß Werte immer auch etwas Persönliches sind und aufgrund von Erfahrungen entwickelt und verändert werden, kommt gar nicht mehr zur Geltung (siehe auch unter 7.1. Eigene Ideale und Werte).

Aber nicht nur Mitglieder werden in Sekten beschämend behandelt, auch ältere Mitglieder und Führungspersonen, die natürlich in der Hierarchie unter den Lehrenden stehen, können von jenen vorgeführt werden. Dies geschieht nach dem Prinzip: Zuckerbrot und Peitsche. Dabei werden Belobigungen und mitunter harte Bestrafungen in völlig beliebiger Weise von der Führerin oder dem Führer angewendet. Wenn Strafen gegenüber untergeordneten Führungspersonen in unvorhersehbar Weise eingesetzt werden, dann hat dies einmal die Funktion, daß diese nicht nach der höchsten Macht innerhalb der Gruppe greifen, und es ist auch ein Signal an alle anderen, das besagt: »Seht her, selbst mit meinen besten Leuten kann ich machen, was ich will!«

Wenn Lehrende ihren Mitgliedern demgegenüber Respekt entgegenbringen, dann behandeln sie andere Führungspersonen in der Gruppe als Gleichberechtigte. Mitglieder sind für sie Persönlichkeiten, die eigene Werte und Meinungen haben und haben dürfen. Sie fordern Sexualität nicht ein und verbieten sie auch nicht. Sie treffen genaue Absprachen mit denen, die sich näher einlassen wollen und respektieren deren Gedanken, Wünsche und Bedürfnisse.

Meiner Auffassung nach sollten Lehrende spirituell-esoterischer Richtungen grundsätzlich deutlich machen, daß alle Menschen aus sich heraus bereits wertvoll sind – und niemand erst durch ein spirituell-esoterisches Wachstum wertvoll wird. Auf der Basis des Respektes und der gegenseitigen Wertschätzung kann dann zwischen Lehrenden und Lernenden ein fruchtbarer Dialog stattfinden.

Zudem inspiriert respektvolles Verhalten einer Lehrperson die Mitglieder dazu, sich – frei von Leistungsdruck – selbst mit allen Schwächen und Fehlern anzunehmen. Spirituelle Entwicklungen brauchen Raum und Zeit, sie haben ihre eigene Dynamik. Ohne Geduld, Nachsicht und Menschlichkeit ist nur wenig erreichbar.

4.6 Abhängigkeit

Lehrende spirituell-esoterischer Richtungen sollten keine Abhängigkeit entstehen lassen.

Abhängigkeit wird dann deutlich, wenn sich Mitglieder ohne Führung, aber auch Führende ohne Mitglieder völlig hilflos und einsam vorkommen. Es ist nicht einfach, eine solche verdeckte Abhängigkeit zu erkennen. Ein paar Dinge können darauf hinweisen, daß Lehrende derartige Abhängigkeiten *nicht* entstehen lassen. Zum Beispiel spricht es für die Qualität von Lehrenden, wenn sie selbst Zeiten für die eigene spirituell-esoterische Entwicklung brauchen oder gebraucht haben. Vielleicht haben sie in ihrer Kindheit und Jugend durch Eltern oder nahestehende Personen ein spirituell-esoterisches Training erhalten. Diese Einflüsse haben sie dann vielleicht durch Übungen (z.B. stetige Meditation) weiterentwickelt – ohne gleich Schülerinnen und Schüler um sich zu scharen. Solche Lehrende haben oft eine Ausbildung, die nicht direkt mit ihrer spirituell-esoterischen Entwicklung in Verbindung steht. Fundierte Lehrende kommen mit dem Leben zurecht, sie wissen sich zu helfen, im spirituell-esoterischen wie auch im alltäglichen Leben.

Lehrende, die sich demgegenüber ohne Mitglieder einsam und hilflos vorkommen, zeichnen sich dadurch aus, daß sie keine fundierte *weltliche Ausbildung*, aber auch keine längeren Phasen des eigenen spirituell-esoterischen Lernens durchgemacht haben. Solche Lebensläufe sind oft geprägt durch Mißerfolge, abgebrochene Ausbildungen, persönliche Fehlschläge und Haft.

Vage Andeutungen wie: „...auf einem Stein sitzend erkannte ich", sind aus meiner Sicht dann auch kein Beleg für tiefgehende Erkenntnisse. Solche Lehrende behaupten oft, als einzige den Schlüssel zu spirituell-esoterischen Wahrheiten zu besitzen. Ohne sie, so wird behauptet, sei spirituell-esoterischer Fortschritt, mitunter sogar weltweit, nicht mehr denkbar. Daß diese hohen Ansprüche meistens kaum zu den vorherigen Lebenserfahrungen passen, fällt diesen scheinbar nicht auf.

Spirituell-esoterische Entwicklungen sollten im persönlichen Leben deutlich werden, besonders dann, wenn sich jemand dazu entschließt, als lehrende Person aufzutreten. Diese Entwicklungen können, auch dann, wenn es im Leben dieses Menschen Schwierigkeiten gab, z.B. in der Weise deutlich werden, daß ein ehemaliger Häftling sich nun selbst um Häftlinge kümmert und dies nicht nur vorübergehend, sondern langfristig. Eine andere denkbare Entwicklung, die sich im persönlichen Leben spiegelt, wäre, daß sich ein ehemaliger Soldat für Völkerverständigung und Frieden einsetzt. Derartige Aktivitäten sind sichtbar, sie haben eine konkrete Verbindung zu den früheren Erlebnissen und zeigen, daß in dieser Person eine Entwicklung stattgefunden haben muß.

Unseriöse Lehrende können solche Entwicklungen aber nicht vorweisen – deshalb vertuschen sie Mißerfolge und Fehlschläge in ihrem Lebenslauf. Manche schreiben sogar eine ganz neue Biographie, die angefüllt ist mit Erfolgen und scheinbar ganz außergewöhnlichen Erkenntnissen. In diesen Fällen wird eine Legende aufgebaut, die nicht hinterfragt werden darf. Auf diese Unwahrheiten gründen sie ihr Selbstbewußtsein, das dann auch nicht sehr stabil sein dürfte.

Solche Lehrpersonen führen ihre Schüler in eine enge Bindung und in ein Abhängigkeitsverhältnis hinein. Diese besitzen dann die Aufgabe, die innere Leere der Lehrenden zu überdecken. Deshalb werden sich solche Lehrenden vermutlich nicht gut damit abfinden können, wenn sie verlassen werden. Aussteiger bezweifeln die *Legenden* der Lehrenden – und das könnte alle übertriebenen Ansprüche deutlich werden lassen. Darum werden solche Lehrpersonen etwas gegen derartige Bestrebungen unternehmen und Aussteiger unter Druck setzen. Vielleicht wird dann gesagt: »Ich habe dir mein Leben geschenkt, jetzt schuldest du mir deins. Ich kann ohne dich nicht glücklich werden und du nicht ohne mich.« Ein solcher Druck kann zu starken Ängsten führen und den Ausstieg erheblich erschweren, besonders dann, wenn potentielle Aussteiger nur noch über Kontakte innerhalb der Sekte verfügen, in der alle der Ansicht sind, daß jenseits der Gruppe kein Glück zu finden sei.

Seriöse Lehrende sollten sich statt dessen dadurch auszeichnen, daß sie keinen solchen Druck ausüben und Aussteigern mit Toleranz und Wohlwollen begegnen.

Genauso wie Lehrende von ihren Schülerinnen und Schülern abhängig sein können, können diese auch in ein

Abhängigkeitsverhältnis zu ihren Lehrern geraten. Dies geschieht z.B., wenn Lehrende auf einen hohen Sockel gehoben werden: Alles, was sie tun, ist richtig und heilig, ja die ganze Person ist geradezu gottähnlich, in manchen Fällen sogar gottgleich.

Bei solchen Gefühlen handelt es sich um Projektionen: Auf die Lehrperson werden alle guten Gefühle, tiefsten Wünsche und schönsten Erlebnisse projiziert. Projizieren ist meines Erachtens eine völlig gewöhnliche Sache, die sehr häufig auftritt. Da es dem Verliebtsein ähnlich ist, möchte ich es als *spirituelles Verliebtsein* bezeichnen.

Beim spirituellen Verliebtsein wünscht und glaubt man, nun endlich den perfekten, liebevollsten, den alles erhellenden Menschen gefunden zu haben. Das spirituelle Verliebtsein mag eine besondere persönliche Komponente haben, zum Beispiel die, daß der männliche spirituell-esoterische Lehrende auch endlich den vermißten Vater ersetzen könnte. Solche Liebesgefühle sind sehr häufig und spiegeln oft etwas von der tiefsten Sehnsucht der Suchenden wider. Von daher können spirituelle Verliebtheiten viel aussagen und sind wichtig auf dem spirituell-esoterischen Weg.

Eine reale Person – ein spirituell-esoterischer Lehrender – wird jedoch, so glaube ich, nicht immer dem Idealbild der verliebten Anhängerinnen und Anhänger entsprechen können. Sie kann nicht alle Wünsche nach Liebe und Geborgenheit spontan erfüllen. Vorausschauende Lehrende werden die spirituelle Verliebtheit deshalb bremsen und nicht versuchen, mit einem idealisierten Bild, das Mitglieder von ihnen entwerfen, zu konkurrieren.

Es ist gut, wenn Lehrende solche Liebesangebote von Mitgliedern erkennen und relativieren. Für die Mitgliedern ist es heilsam, wenn sie erkennen, daß ihre Lehrenden – neben allen Tugenden, Entwicklungen und Einsichten – bisweilen menschlich und unvollkommen sind.

Sektiererische Lehrende nutzen die Gefühle des spirituellen Verliebtseins statt dessen aus, um Mitglieder an sich zu binden. Das spirituelle Verliebtsein kann jedoch nur aufrechterhalten werden, wenn die Lehrperson für die Mitglieder nicht konkret faßbar wird. Die *reale* Person muß für die Mitglieder immer eine *Traumperson* bleiben: Ungreifbar und deshalb unangreifbar. So können dann über lange Zeit alle möglichen Wunschvorstellungen auf diese Person gerichtet werden. Wunschvorstellungen und verliebte Gefühle können noch zusätzlich genährt werden, indem sich durch vieldeutige Reden und *mystische* Verhaltensweisen interessant gemacht wird.

4.7 Entscheidungen

Lehrende spirituell-esoterischer Richtungen sollten den Mitgliedern keine Entscheidungen abnehmen.

Lehrende sollten Mitglieder auf ihrem Weg begleiten, nicht aber direkt in deren Leben eingreifen (z.B. bei Heirat, Wohnort, Beruf). Auch Personen, die nicht als Lehrende auftreten – ich denke an Wahrsagerinnen, Astrologen, Hellseher u.a. – können Vorschläge bezüglich einiger Lebensentscheidungen machen. Doch generell können und sollten sie eine Entscheidung der betroffenen Person nicht abnehmen.

Den auf Zukunftsschau (Astrologie, Wahrsagen oder Hellsehen) gründenden Aussagen gegenüber bin ich skeptisch. Solchen Aussagen wie z.B.: »Dieser Mann ist nichts für Sie« oder »Nehmen Sie dieses Arbeitsangebot an.« geht keine Kommunikation über Ängste, Sorgen und Zweifel voraus. Diese Art der verkürzten, schnellen Entscheidungshilfe (vgl. auch Kapitel 3.2.) kann weder fundiert noch realistisch sein. Menschen, die diese Dienste in Anspruch nehmen, sind möglicherweise an diesen raschen und einfachen Lösungen interessiert, weil sie sich nur begrenzt mit den zugrundeliegenden Problemsituationen beschäftigen wollen. Lebensprobleme sind jedoch – so sehe ich es – unbequem, nicht leicht zu ertragen – und leider – auch nicht immer ad hoc lösbar, geschweige denn durch eine *Schnellberatung*.

Gegenüber hellseherischer Fähigkeiten, in die Vergangenheit, in die Zukunft oder in das Leben eines Menschen zu blicken, hege ich generell Zweifel. Oft sind Aussagen sehr allgemeiner Art und wenig deutlich. Von daher meine ich, daß bei jeglichen Aussagen grundsätzlich Skepsis angebracht ist.

Förderliche Formen der Beratung durch Astrologie, Wahrsagen oder Hellsehen zeichnen sich für mich dadurch aus, daß den Anfragenden Raum gegeben wird, ihre Gefühle, Gedanken, Sorgen und Zweifel zu äußern. Begabte Personen dieser Berufsgruppen besitzen möglicherweise feine *Antennen* für unbewußte Wünsche und Ängste. In einem Gespräch kann z.b. eine Astrologin durch ihr gutes Gespür neue Perspektiven aufzeigen.[8] Auf diese Weise erhält man neue Ideen und andere Sichtweisen auf ein Problem. Im 3. Kapitel (2. Motiv) habe ich bereits darauf hingewiesen, daß die Bildersprache der Astrologie geeignet sein kann, Symbole z.b. für innere Schwierigkeiten zu finden. Wenn man diese Bilder und die Anregungen der Astrologie nutzt, um selbst mit dem Problem umzugehen und um eine eigene Entscheidung zu entwickeln, dann kann die Astrologie hilfreich sein.

Im Leben stehen immer wieder wichtige Entscheidungen an. Ich denke, die meisten Probleme lassen sich nicht lösen, indem jemand kurz einen spirituell-esoterischen Meister um Rat bittet oder zu einer Wahrsagerin geht. Günstiger ist es, wenn Menschen, die in sehr bedrängenden Schwierigkeiten stecken, sich die Zeit nehmen, ihre Probleme in einer therapeutischen Situation zu besprechen. Dort gibt es genügend Raum für die Entwicklung eigener Lösungen und Entscheidungen.

Ich denke, daß auch eine kontemplative Praxis (z.B. Meditation) dazu beitragen kann, daß Probleme besser betrachtet und eventuell gelöst werden können, da in einer

---

8 Vgl.: Lucadou, W. v.: Wie „hell" sehen Hellseher? - in: TW Neurologie Psychiatrie, 10(1996)4, S. 275 - 278. Der Autor beschreibt aber auch, daß gerade begabte Hellseher, deren intuitive Eindrücke von den Klienten als zutreffend erkannt werden, für diese gefährlicher sein können als Scharlatane, da dann den Aussagen ein zu großes Gewicht beigemessen wird.

solchen Praxis sich Achtsamkeit, Offenheit und Geduld entwickeln. All diese Qualitäten können dazu beitragen, in kleinen und manchmal auch großen Schritten angemessene Wege zu finden.

Förderliche Lehrende spirituell-esoterischer Richtungen werden diese Haltung eher unterstützen und keine oberflächlichen Ratschläge für die, die es eilig haben, geben – schon gar nicht werden sie ihnen Entscheidungen abnehmen. Vielmehr zeigen sie Methoden und Mittel auf, die dazu führen, daß langfristig die *eigenen* Wege gefunden werden.

Diese Qualität trifft für sektiererische Lehrerinnen und Lehrer nicht zu. Sie mischen sich oft mit einfachen Standardlösungen in das Leben der Mitglieder ein und scheuen sich auch nicht, an deren Stelle wichtige Lebensentscheidungen (z.B. Wahl des Ehepartners) zu treffen.

4.8 Kontakt und Austausch

Lehrende spirituell-esoterischer Richtungen sollten gute, offene Kontakte haben.

Förderliche Lehrende zeichnen sich für mich dadurch aus, daß sie gute und offene Kontakte besitzen. Zunächst einmal sollten sie einen ausgeglichenen Kontakt zu ihren eigenen Lehrenden bzw. zur Organisation, in der sie gewachsen sind, haben. Das heißt nicht, daß es niemals Streitfälle untereinander gegeben haben darf. Ich meine damit, daß die Lehrpersonen ihre eigenen Lehrenden schätzen, auch dann, wenn sie bisweilen einige Dinge anders sehen. Desweiteren zeichnen sie sich dadurch aus, daß sie andere Richtungen würdigen oder zumindest respektvoll tolerieren. Dies mag mit einem Anspruch auf *Wahrheit* kollidieren – denn oft halten Gruppen ihren spezifischen Ansatz für *wahr* und ihre Art, die Welt und das Leben zu sehen, für die beste.

An diesem Punkt möchte ich unterscheiden zwischen einem *engen* und einem *weiten* Wahrheitsanspruch.[9] Beim

9 Vgl. auch den Begriff „enger Absolutheitsanspruch" in: Gasper, H.;

weiten Wahrheitsanspruch wird die eigene Sicht für die angemessenste gehalten, es ist aber trotzdem noch Raum für einen Dialog und Verständnis zu anderen Meinungen vorhanden. Zudem kann beim weiten Wahrheitsanspruch Kritik noch gehört werden, Diskussionen sind noch führbar.

Der enge Wahrheitsanspruch zeichnet sich dadurch aus, daß kritische Stimmen nicht mehr gehört, sondern *verteufelt* und angegriffen werden. Diskussionen über Streitfragen sind nicht möglich. Mit Andersdenkenden ist ein Dialog oder eine gegenseitige Annäherung nicht vorstellbar. In diesem Sinne sollten Lehrende förderlicher Organisationen den weiten Wahrheitsanspruch pflegen. Beim Kontakt mit anderen Richtungen können dann z.b. Gemeinsamkeiten und Unterschiede zur Sprache kommen.

Für ebenso wichtig erachte ich die Anerkennung von Menschen, die sich in ihrem Leben kaum oder gar nicht mit Spiritualität oder Esoterik auseinandergesetzt haben. Bedeutsam ist, daß Lehrende die Lebensbereiche der anderen wahrnehmen, respektieren und schätzen und diese nicht als *weltlich* abwerten, sondern als interessante und herausfordernde Bereiche des Lebens würdigen. Lehrende sektiererischer Gruppen treten demgegenüber mit einem engen Wahrheitsanspruch auf. Das führt oft dazu, daß sie meist alle anderen Lebensbereiche (z.B. Kunst, Musik, Literatur, Wissenschaft und Medizin) vor allem aber alle anderen spirituell-esoterischen Richtungen kategorisch ablehnen. Kritische oder andersdenkende Stimmen werden meist besonders negativ dargestellt, mitunter auch persönlich angegriffen. Die sektiererische Gruppe faßt ihren Weg als den einzig richtigen auf – alle anderen Menschen, die diesem Weg nicht folgen, sind vom Heil mehr oder minder ausgeschlossen.

Interessanterweise finden sich bei Gründerpersonen von Sekten oft keine guten Kontakte zur Richtung oder Or-

Müller, J.; Valentin, F.: Lexikon der Sekten, Sondergruppen und Weltanschauungen. Fakten Hintergründe, Klärungen, Freiburg: Herder, 1990, S. 975.

ganisation, in der sie gelernt haben – sofern sie jemals eine solche besaßen. Wenn sie in einer Organisation waren, dann haben sie sich meist mit dieser überworfen und sie bewerten ihre früheren Lehrer und Weggefährten in scharfer Form als ihnen unterlegen.

Meistens haben Sektengründer nur spärliche Kontakte zu anderen Richtungen, deren Gedankengut sie dann – meist ohne darauf hinzuweisen – in ihre eigene Lehre einfließen lassen. Sie stellen sich dar als verwirklichte Wesen, die jegliche spirituell-esoterische Erkenntnis – ohne die Hilfe von anderen – allein entwickelt haben. Da sie aus ihrer Sicht einen einzigartigen Zugang zur Wahrheit besitzen, denken sie auch nicht daran, mit anderen über Inhalte, Fragen und Werte zu sprechen. Jegliche Kritik von außen wird als „weltlich" oder als „noch nicht so entwickelt" und zum Teil sogar als „dämonisch" abgetan.

Die Unfähigkeit, mit anderen Menschen in einen Dialog zu treten, äußert sich bei Sektengründern oft auch darin, daß sie kaum enge und vertrauensvolle Kontakte z.B. zu Befreundeten oder Partnern besitzen. Scheidungen, abrupte Trennungen oder fehlende Bindungen werden dann meist mit dem Hinweis begründet, daß kein anderer diese *hohe Energie* ertragen könne oder der spirituell-esoterische Fortschritt eben einige persönliche Opfer erfordere.

4.9 ZUSAMMENFASSUNG

Meiner Auffassung nach sollten Lehrende grundsätzlich daraufhin betrachtet werden, ob sie wirklich vertrauenswürdig sind. Dieser Prozeß braucht Zeit. Durch gezielte Strategien (keine persönlichen Informationen geben, unbequeme Fragen stellen, gezielt Informationen suchen und nicht allein gehen – Befreundete mitnehmen) können sich Interessierte an spirituell-esoterischen Richtungen vor der Anwerbung durch Sekten schützen. Seriöse Lehrende zeichnen sich dadurch aus, daß sie Verantwortung zeigen und für ihre Aussagen einstehen. Sie können leben, was sie lehren und verlangen nicht etwas von Lernenden, was sie selbst nicht einlösen. Materielle Motive stehen nicht im Vordergrund, andere Werte werden als wichtig hervorgehoben. Leitende Personen spirituell-esoterischer Richtungen bringen im Gegensatz zu Sektengründern ihren Mitgliedern Respekt entgegen. Sie achten deren Werte, Gedanken, Wünsche und Bedürfnisse und lassen keinen spirituellen Leistungsdruck entstehen. Die Lehrenden dürfen nicht unterrichten, um einen Mangel an Erfolg und Erfüllung in ihrem eigenen Leben zu überdecken – wenn sie dies tun, dann führen sie ihre Schülerinnen und Schüler in eine enge Abhängigkeit hinein. Seriöse Lehrende bauen Abhängigkeitsverhältnisse demgegenüber nicht auf und wirken auch übertriebenen Hoffnungen und Erwartungen (*spirituelles Verliebtsein*) entgegen. Sie geben den Mitgliedern keine oberflächlichen Ratschläge und nehmen ihnen keine Entscheidungen ab. Vielmehr zeigen sie Möglichkeiten auf, die für die Mitglieder zu ihren eigenen Wegen führen. Ferner pflegen verwirklichte Lehrende Kontakte mit anderen spirituell-esoterischen Richtungen und unterschiedlichsten Menschen verschiedener Richtungen. Sie sektieren nicht und verwerfen nicht andere Wege.

Kapitel 5

Spirituell-esoterische Aussagen oder Lehren – grandioser Einfall oder grosser Reinfall?

5.1 Grundsätzliche Hinweise zur Betrachtung spirituell-esoterischen Lehren

Interessierte sollten zunächst über ihre eigenen Motive und Wünsche im klaren sein, bevor sie die Motive einer Lehre betrachten (Suche nach esoterischen Erkenntnissen über Welt, Mensch und Natur, Suche nach praktischer Lebenshilfe, Suche nach Erfahrungen mit übersinnlichen Phänomenen, nach Heilung und Gesundheit, Erlebnisintensität, Suche nach Erleuchtung oder Erlösung). Haben sich bestimmte Motive einer Lehre herausgestellt, ist zu fragen, inwieweit diese mit den eigenen übereinstimmen. Dabei sollten Interessierte die thematisierten Bereiche der Lehre beachten. Sehr vielseitig ist beispielsweise die Anthroposophie nach Rudolf Steiner. Themen, wie z.B. biologisch-dynamische Landwirtschaft, Pädagogik, Medizin, Gesellschaftsleben, Religion und die Entwicklung zum höheren Bewußtsein hat diese Lehre zum Inhalt. Eine solche komplexe Lehre ist demnach besonders differenziert zu betrachten.

Weiter ist von Interesse, ob die Lehre auf eine oder mehrere Gründerpersonen zurückgeht. Steht eine Person mit anderen im geistigen Austausch, dann zeigt sie, daß sie in einem sozialen Gefüge steht und auch von anderen etwas annehmen und lernen kann. Das wird für die Qualität ihrer Lehre sicherlich förderlich sein.

5.2 Anregungen zur Überprüfung und Bewertung einer spirituell-esoterischen Lehre

Eine spirituell-esoterische Lehre sollte rationalen Überprüfungen und Bewertungen standhalten können.

Die Annahme, man könne eine spirituell-esoterische

Lehre nicht einschätzen, weil alle Inhalte eine Sache des persönlichen Glaubens seien, halte ich für unangemessenen und gefährlich. Begünstigt durch diese Haltung finden sektenartige Gruppierungen mit abstrusen Vorstellungen immer wieder Zulauf. Es ist nicht nur wichtig sondern notwendig, eine Lehre sorgfältig zu überprüfen und zu bewerten. Dazu sind zum einen Aussagen heranzuziehen, die sich auf Themen beziehen, die auch Gegenstand der Wissenschaften (z.B. der Physik, Chemie, Geographie oder Geschichte) sind. Die Aussage: »Die Erde dreht sich um die Venus«, kann z.b. aufgrund von naturwissenschaftlichen Erkenntnissen eindeutig als falsch eingestuft werden. Zum Teil enthalten spirituell-esoterische Lehren derart unsinnige Behauptungen – und diese sollten nicht im Rahmen eines *persönlichen Glaubens* akzeptiert, sondern schlichtweg als unrichtig verworfen werden. Dabei ist anzumerken, daß auch zahlreiche anerkannte religiöse Traditionen naturwissenschaftliche und weltgeschichtliche Aussagen enthalten, die aufgrund der heutigen Erkenntnisse eindeutig als falsch eingestuft werden müssen. Oft wird seitens der Mitglieder einer Lehre damit so umgegangen, daß sie derartigen Aussagen eine symbolisch-bildhafte Bedeutung zuschreiben, nicht jedoch einen naturwissenschaftlich informativen Erkenntniswert. Bei dieser Art der Auffassung können auch Falschaussagen toleriert werden.

Lehraussagen, die ein Ursache-Wirkungsverhältnis beschreiben, sollten ebenfalls einer überprüfenden Betrachtung unterzogen werden. Eine Voraussetzung dafür ist, daß eine eindeutig bestimmbare Ursache und eine ebenso bestimmbare Wirkung beschrieben werden: Z.B.: »Wenn sie diese Energieübung zehn Wochen lang ausführen, werden sie ihren persönlichen Besitz verdoppeln können.« Da in diesem Fall eine Ursache genau benannt wird (die Energieübung), die innerhalb eines bestimmten Zeitrahmens (zehn Wochen) zu einer ganz bestimmten Wirkung führen soll (Verdopplung des persönlichen Besitzes), läßt sich diese Aussage innerhalb von zehn Wochen überprüfend betrachten. Allerdings kämen aus wissenschaftlicher Sicht im Falle des Erfolges auch weitere Ursachen für die *Verdopplung des persönlichen Besitzes* in Frage. Ein Beweis für die Wirksamkeit der Energieübung wäre dies also noch nicht. Dies würde den Anwendern im Falle des Erfolges aber höchstwahrscheinlich gleichgültig sein. Wenn eine Lehre eine derart konkrete Aussage macht, dann läßt sie sich jedoch klar als falsch einstufen, wenn jemand nach zehn Wochen keine Verdopplung seines Besitzes erreichen konnte. Zu fragen ist zudem, welcher Art (geistig, materiell?) dieser Besitz sein soll, um Mißverständnisse auszuräumen.

Nicht immer lassen sich spirituell-esoterische Lehren und Aussagen eindeutig als *falsch* einstufen. Dies ist dann nicht möglich, wenn es sich um allgemeine Aussagen handelt, die nur durch Reflexion einer Bewertung unterzogen werden können. Eine solche Aussage ist z.B. die folgende:

> *Destruktives Handeln führt immer nur zu Schmerz und Leiden; wenn wir konstruktiv handeln, erfahren wir als Ergebnis schließlich Glück.*[1]
> SOGYAL RINPOCHE

Eine derartige Aussage, die einfach und doch sehr weitreichend ist, werden Interessierte nur durch eigenes Beobachten, Nachsinnen und Reflektieren bewerten können. Vielleicht kommen manche zu dem Schluß, daß dies in vielen Fällen zutrifft. Möglicherweise ist jedoch auch zu beobachten, daß eine Person destruktiv handelt und trotzdem glücklich ist. In diesem Falle erweist sich die obige Aussage als unrichtig. Da der Autor dieser Aussage jedoch annimmt, daß ein Leiden potentiell auch in noch folgenden Leben entstehen kann, ist eine eindeutige Bewertung der Aussage als *zutreffend* oder *unzutreffend* nicht möglich. Trotzdem kann eine solche Aussage dazu anregen, über das eigene Handeln und über potentielle Ursachen für Glück nachzudenken und eigene Antworten zu finden.

1   Sogyal Rinpoche, Das Tibetische Buch vom Leben und Sterben. - München: Barth-Verlag, 1995, S. 124.

Die Phänomene um Sterben und Tod werden gemeinhin als dem rationalen Bewußtsein nicht zugängliche Glaubensangelegenheiten betrachtet. Interessierte machen sich deshalb kaum die Mühe, spirituell-esoterische Aussagen zu diesem Bereich einer kritischen Bewertung zu unterziehen. Dies sollten sie meiner Auffassung nach aber tun. Tatsächlich besteht in diesem Bereich ein Grundproblem: Die Toten können keine Auskunft mehr geben über das, was sie *erleben*. Dennoch können sich Interessierte an die Phänomene um Tod und Sterben annähern – z.B., indem sie einem sterbenden Menschen Sterbebegleitung und Beistand geben. Obwohl der Tod selber nicht ergründet werden kann, entsteht durch solche Erfahrungen dennoch Gespür dafür, welche Bedeutung er im Leben haben könnte. Es lassen sich Hinweise dazu finden, daß Sterbebegleitende, die bereit sind, sich auch auf die eigene Endlichkeit einzulassen, eher die Wichtigkeit des gegenwärtigen Augenblicks und des Lebens wahrnehmen.[2]

Weitere Annäherungsmöglichkeiten bestehen darin, Berichte von Menschen zu lesen, die eine Nahtod-Erfahrung gemacht haben. Dazu gibt es mittlerweile viele Berichte, die wahrscheinlich nicht alle frei erfunden sind. Man mag einwenden, daß diese Berichte eben von Menschen stammen, die noch nicht *völlig tot* waren. Das ist richtig, aber es bleibt trotzdem zu fragen, warum viele Nahtod-Berichte Ähnlichkeiten aufweisen, und es bleibt offen, warum Menschen nach einem Nahtod-Erlebnis oft mehr Sinn im Leben sehen können.[3]

Seriöse spirituell-esoterische Lehren sollten sich meiner Meinung nach dadurch auszeichnen, daß sie erstens keine Aussagen enthalten, die eindeutig als falsch einzustufen sind. Die Aussagen sollten im Lichte der Reflexion nachvollziehbar erscheinen und auch dazu anregen, eigene Antworten zu finden. Glaubensinhalte, die nicht eindeutig als *richtig* oder *falsch* bezeichnet werden können,

---

2 Vgl. dazu: Student, J.-C.: Das Hospiz-Buch, - Freiburg: Lambertus-Verlag, 1994.
3 Vgl.: Sogyal Rinpoche: a.a.O., S. 377.

sollten von Interessierten aufgrund von eigenen Erfahrungen und Wissen argumentativ gestützt werden können.

Spirituell-esoterische Lehren, die eher wenig vertrauenswürdig sind, zeichnen sich demgegenüber dadurch aus, daß sie Aussagen enthalten, die eindeutig als falsch eingestuft werden können. Die Aussage:»Die Erde ist eine Scheibe«, ist ohne Wenn und Aber einfach unrichtig – sie läßt sich auch nicht durch einen Glauben daran wahrer machen.

Nicht nachvollziehbar sind spirituell-esoterische Aussagen dieser Art:»Ein Tauton trägt Weisheitsklänge in sich.« Da der Begriff *Tauton*[4] nicht ergründbar ist, kann die Aussage nicht überprüft werden. Häufig aber arbeiten viele spirituell-esoterische Lehren mit Begriffen, die völlig neu und unvertraut sind. Es ist zwar sinnvoll, daß es spezielle Wörter für ganz bestimmte Bedeutungen in diesem Bereich gibt. Wenn man jedoch mit einer undurchschaubaren Wort- und Bedeutungsvielfalt konfrontiert wird, die sich auch bei näherer Betrachtung nicht erschließen läßt, dann ist Vorsicht geboten.

Interessierte können deshalb eine Lehre auch durch Auflistung aller darin vorkommenden Fremdwörter testen: Lassen sich mehr als 2/3 der Wörter auch nach einiger Anstrengung überhaupt nicht verstehen, sollten Interessierte dies vielleicht nicht ihrer Intelligenz, sondern der Lehre zuschreiben und von der Sache ablassen.

Eher unseriös ist eine spirituell-esoterische Aussage auch dann, wenn z.B. Erfolg von wenig faßbaren und schwer zu erreichenden inneren Zuständen abhängig gemacht wird. Ein Beispiel dafür wäre:»Sie haben Erfolg, wenn Sie nur richtig glauben!« Derjenige, der diese Aussage macht, kann im Falle eines Mißerfolgs immer sagen, daß die Anwender nicht *richtig geglaubt* haben – sonst wäre der Erfolg ja eingetreten. Immer bleibt aber unklar, was *richtig glauben* eigentlich bedeutet. Meint *richtig glauben*, daß nie ein zweifelnder Gedanke aufsteigen darf? Wenn

---

4 Der Begriff „Tauton" ist von mir frei erfunden.

ja, dann kann wohl kein einziger Mensch von sich sagen, daß er *richtig glaubt*.

Besonders verwerflich ist, wenn in diesem Zusammenhang behauptet wird, daß z.B. die eigene Gesundheit (oder das Gesunden) davon abhinge, daß man gegenüber einer Lehre keine kritischen Gedanken und Gefühle hegen dürfe. So zum Beispiel: »Sie werden gesund, wenn Sie diese Bücher lesen, Geduld besitzen und keinerlei Zweifel hegen!« Wer sich darauf einläßt, kann diese Aussage erst widerlegen, wenn er merkt, daß er auch ganz ohne zweifelnde Gedanken leider krank bleibt. Erst nach Jahren – ohne innere Zweifel, mit Geduld und mit einer Krankheit – läßt sich diese Aussage klar als falsch einstufen. Die meisten Mitglieder einer solchen Lehre werden jedoch eher geneigt sein zu denken: ›Ich selbst bin schuld an dem Fortbestehen meiner Krankheit, weil ich Zweifel hege.‹ Diese Zweifel sind aber gar nicht zu verhindern. Durch das absurde Bemühen, endlich alle Zweifel zu eliminieren, setzen sich Mitglieder unter einen großen Druck. Gleichzeitig werden sie immer abhängiger von den angeblich *heilenden Büchern*. Tritt aber unerwartet eine Heilung ein, wird dies dem Buch zugeschrieben, auch dann, wenn zum Beispiel ein neues Medikament zur Heilung geführt haben sollte. Eine solche Aussage führt deshalb – was immer auch passiert – schnell in eine Abhängigkeit.

Unseriös sind spirituell-esoterische Aussagen auch dann, wenn ausschließlich Ziele erreicht werden sollen, die niemand sehen oder genau definieren kann. Dazu folgendes Beispiel: Anhänger arbeiten an ihrer spirituell-esoterischen Verwirklichung mit einer Atemübung. Es gilt in dieser Lehre die Aussage: »Wer mit der Atemtechnik arbeitet, erreicht die Imagination.« Leider wissen Interessierte nun – wie auch ich – nicht genau, was eine *Imagination* sein soll, wie sie sich anfühlt oder wie sie aussieht oder wirkt. Deshalb kann letztlich auch nicht ein Erfolg überprüft werden. Auch der Gedanke – ›Wenn ich die Imagination erreicht habe, werde ich es schon merken.‹ – kann dazu führen, daß Suchende Techniken üben, über deren Ziele sie keine genauen Vorstellungen besitzen. Es sollte deshalb weitere Gründe für die Atemtechnik geben, die jenseits einer undefinierbaren *Imagination* liegen und nachvollziehbar sind.

Prinzipiell ist eine Lehre ist meines Erachtens wenig vertrauenerweckend, wenn der gesamte Nutzen, der versprochen wird, erst nach dem Tode eintreten soll. Natürlich machen zahlreiche spirituell-esoterische Lehren Aussagen darüber, was nach dem Tode eintritt. Diesen Aussagen kann man sich – wie ich zu zeigen versuchte – auch annähern. An dieser Stelle möchte ich lediglich darauf hinweisen, daß dann, wenn der ganze Nutzen einer spirituellesoterischen Praxis erst nach dem Tode erlebt werden soll, die Lehre jetzt wenig bieten muß. Eine spirituell-esoterische Praxis sollte meiner Ansicht nach aber auch und gerade im jetzigen Leben einen Sinn und einen fühlbaren, persönlich erfahrbaren Nutzen haben. Dieser sollte z.B. einfach darin bestehen, daß Mitglieder sich wohl fühlen, gelassener werden und Freude an ihrer Art der Praxis haben. Wenn eine spirituell-esoterische Lehre keinen persönlich erfahrbaren Nutzen in diesem Leben bietet und in ihr betont wird, daß jegliches Heil erst nach dem Tod zu erwarten sei, dann ist dies äußerst bedenklich. Denn dieses Leben wird dann nicht wirklich geschätzt und gewürdigt. Warnend möchte ich darauf hinweisen, daß extreme Sekten, die den kollektiven Selbstmord vollzogen haben, von solchen Vorstellungen ausgegangen sind.[5]

---

5 Georg Otto Schmid zum Thema kollektiver Selbstmord in Sekten: *Gefährdet sind naturgemäß Gruppierungen, die das irdische Leben bloß als Vorbereitung auf ein nächstes, eigentliches Leben gelten lassen. Die irdische Existenz wird als defizitär abgewertet, Sehnsucht nach dem Kommenden bricht aus.* Vgl.: Evangelische Informationsstelle: Kirchen – Sekten – Religionen. Internet – Veröffentlichungen der Informationsstelle. - Online im Internet: URL: http://www.ref.ch/zh/infoksr/ [Stand: 16. 5. 2000]. Das Zitat entstammt den Darstellungen zur *Heaven's Gate* Gruppe, (online im Internet: URL: http://www.ref.ch/zh/infoksr/HeavensGate.html [Stand: 16. 5. 2000].)

5.3 Kleine Ursache, grosse Wirkung?

Eine spirituell-esoterische Lehre sollte keine Wunder versprechen

Manchmal wird in spirituell-esoterischen Büchern behauptet, daß kleine Ursachen große Wirkungen hervorbringen könnten. Dazu will ich hier ein Beispiel geben: In einem Buch über Edelsteine wird formuliert, daß der Topas (ein Edelstein) die *Schwermut und trübe Gedanken* auflösen könne. *Er (sc. der Topas) erweckt Empfindungen von Herzenswärme und Liebe und hilft unserem Geist, sich über die Begrenzungen alltäglicher Sorgen zu erheben. So ist er unter anderem für Menschen, die zu Ängsten und Depressionen neigen, sehr wertvoll.*[6] Des weiteren soll der Topas *frische Energie* bringen, die Erkenntnis erweitern, bei der Verarbeitung von Gefühlen helfen, zur Goldenen Mitte und zu einem Erlebnis innerer Fülle führen. Schließlich gipfeln die Wunderwirkungen des Topas darin, daß er *zu dem Erlebnis der Unbegrenztheit führt*. An dieser Stelle möchte ich einmal die Frage stellen, ob es auch etwas gibt, das der Topas nicht vollbringen kann.

Aus meiner Sicht werden die Wirkungen, die die Verfechter einer solchen Lehre dem *Topas* zuschreiben, stark übertrieben. Möglicherweise haben Edelsteine eine leichte, vielleicht auch angenehme Wirkung auf Menschen, vielleicht haben sie aber auch keine. Durch solche Aussagen wird suggeriert, man müsse sich nur einen Stein um den Hals hängen, wenn man sich *unbegrenzt* fühlen und *innere Fülle* erleben möchte.

Nach spirituell-esoterischen *Wundern* werden vor allem Interessierte suchen, die sich mit den Begrenzungen und Alltäglichkeiten des Lebens nicht anfreunden wollen oder können. Meiner Ansicht nach kann aber gerade die Akzeptanz der menschlichen Begrenzungen ein Ziel spiritueller Bemühungen sein. Auch meine ich, daß *innere Fülle* nicht vom Himmel (oder vom Topas) fällt; innere Fülle ist

---

6 Vgl.: Baginski, B.J.; Sharamon, S.: Edelsteine und Sternzeichen, - Aitrang: Windpferd, 1993, S. 99.

– wenn sie entsteht – das Ergebnis einer langen inneren Auseinandersetzung mit sich selbst und dem Leben. Eine regelmäßige spirituell-esoterische Praxis kann diese innere Auseinandersetzung unterstützen und fördern.

Auf dem spirituell-esoterischen Markt wird immer wieder suggeriert, daß z.B. Edelsteine, Duftwässerchen, Glückssymbole, magische Inschriften und dergleichen mehr spontan z.b. zu Glück, Freiheit oder Liebe führen. Gemeinsam ist solchen Angeboten, daß behauptet wird, eine kleine Ursache könnte eine große Wirkung entfalten.

Fundierte spirituell-esoterische Lehren funktionieren jedoch nicht nach dem Lottoprinzip: Wenig einzahlen und hohen Gewinn erhalten. Das Lottoprinzip funktioniert ja auch nur, weil sehr viele einzahlen und sehr wenige gewinnen. Einige Interessierte denken nun, eine spirituell-esoterische Lehre könnte (oder müßte sogar!) nach dem Prinzip funktionieren: Minimaler Einsatz, maximaler Gewinn. Dies ist meines Erachtens jedoch nicht möglich. Wenn Interessierte einen tatsächlichen und sicheren Nutzen aus einer spirituell-esoterischen Praxis ziehen wollen, sollten sie demnach Methoden und Lehren vermeiden, die vorgeben, mit geringem persönlichen Einsatz wären Wunder erreichbar.

5.4 Selbstliebe und Nächstenliebe verbinden

Eine spirituell-esoterische Lehre sollte auch die Selbstliebe betonen.

In vielen spirituell-esoterischen Lehren werden Aussagen zur Nächstenliebe, zum mitfühlenden und selbstlosen Handeln gemacht, oder es wird in anderer Form davon gesprochen, daß man der Erde und ihren Wesen Frieden und Heilung bringen möge. All diese Aussagen sind auf andere Wesen hin orientiert. Wer nun versucht, etwas für andere zu tun, wird jedoch auch sehr schnell an eigene Grenzen stoßen: Vielleicht ist man irritiert vom ewigen Gerede des *anderen*, z.B. einem Kranken, dem man eigentlich doch so gerne helfen möchte. Manche spirituell-esoterisch Interessierte würden vielleicht gerne etwas für Drogen- oder Alkoholabhängige tun, fühlen sich vom Erscheinungsbild der Süchtigen aber abgestoßen.

Arbeit *für andere* beinhaltet aus meiner Sicht immer auch Arbeit an sich selbst. Es schließt Arbeit an den eigenen Grenzen und intensive Gefühlsarbeit ein. Eine spirituell-esoterische Lehre, die ihren Mitglieder einen *Dienst für andere* empfiehlt, sollte darüber hinaus auch beschreiben, wie diese mit den dabei entstehenden Erfahrungen umgehen und fertig werden können. Eine fundierte Lehre sollte z.B. betonen, daß es nicht nur auf die empfangenden, sondern auch auf die gebenden Personen ankommt. Diejenigen, die sich dem Dienst für andere widmen möchten, brauchen auch selbst Unterstützung und liebevolle Zuwendung, um irritierende, widersprüchliche und schwierige Gefühle verarbeiten zu können.

Mit schwierigen und widersprüchlichen Gefühlen kann nur angemessen umgegangen werden, wenn man auch sich selbst respektvoll und liebevoll zu behandeln weiß. Deshalb ist es auf dem spirituell-esoterischen Weg ein grundlegender Schritt, daß auch die Selbstliebe beachtet wird. Spirituell-esoterische Lehren, die Selbstliebe und Selbstrespekt ablehnen, geben oft vor, daß sie den *Egoismus* nicht fördern wollen. Selbstliebe ist aber keinesfalls mit Egoismus gleichzusetzen. Selbstliebe führt nach und nach zu einem realistischen Annehmen aller Persönlichkeitsanteile, den Schwächen und den Stärken. Egoismus beinhaltet, daß sowohl Stärken als auch Schwächen übertrieben werden, was zu Arroganz bzw. zu Minderwertigkeitsgefühlen, Selbstmitleid und Resignation führt. Sektenleiter geben vor, daß sie unter *Egoismus* übertriebenen Selbstbezug, Stolz und Arroganz fassen – in Wirklichkeit bezeichnen sie aber oft mit *Egoismus* all das, was ein Mitglied denkt, fühlt oder wünscht und dabei von der Norm der Gruppe abweicht. Dazu reden sie ihren Mitglieder ein, daß ihre jetzige Persönlichkeit unrein, unfertig und wertlos, eben *egoistisch*, und der Selbstliebe und des Respektes gar nicht würdig sei. Die reale Persönlichkeit der Anhänger soll – so meinen sie – durch Disziplin und Unterwerfung einer nicht existenten (!), idealen, spirituellen, reinen Persönlichkeit weichen. Selbstliebe und Selbstrespekt würden dieser Strategie entgegenstehen, denn dann würden Mitglieder sich mit dem beschäftigen, was sie denken, fühlen und wünschen und auch zu eigenen Meinungen stehen. Spirituell-esoterische Lehren, die Selbstliebe erwähnen und für bedeutungsvoll halten, drücken demgegenüber aus, daß die Mitglieder in ihrer Personalität bereits wertvoll sind. Das reale Ich soll nicht geopfert und malträtiert – sondern angenommen werden. Es muß kein *ideales Ich* erfunden werden. Ihnen wird nahegelegt, ihr jetziges, reales Ich mit Güte, Mitgefühl und Respekt zu behandeln. Durch die Praxis der Selbstliebe kommen sie dazu, sich selbst anzunehmen mit allen Stärken und Schwächen. Chögyam Trungpa Rinpoche, beschrieb in inspirierender Form die Selbstliebe einmal so:

> *Du erkennst, daß es dir absolut zusteht, in diesem Universum zu sein und so zu sein, wie du bist, und du siehst, daß es in dieser Welt eine bedingungslose Gastfreundschaft für dich gibt. Du hast geschaut und gesehen, und du brauchst dich nicht dafür zu entschuldigen auf dieser Erde geboren zu sein.*[7]
> CHÖGYAM TRUNGPA

Spirituell-esoterische Lehren sollten demnach in irgendeiner Form immer das Element der Selbstliebe beschreiben. Besonders sollten sie es aber dann tun, wenn sie zu einer Form der Nächstenliebe inspirieren möchten. Denn wer in Selbstliebe geübt ist, kann Fehler und Schwächen von anderen besser ertragen, weil er gelernt hat, vielleicht ganz ähnliche Schwächen in sich selbst liebevoll anzunehmen. Deshalb kann er anderen Hilfe anbieten. Eine solche Person muß nicht überkritisch vor den Fehlern der anderen stehen, weil sie gelernt hat, sich selbst nicht mehr mißbilligend zu betrachten. Das ist ein langer, vielleicht le-

---

7 Vgl.: Chögyam, T.: Das Buch vom meditativen Leben, - München: Barth-Verlag, 1989, S. 53.

benslanger, Prozeß. Auf diese Weise kann die Übung der Selbstliebe und Selbstakzeptanz zum anderen Menschen hinführen.

Wer anderen jedoch etwas gibt, weil er sich selbst nichts geben kann oder wer anderen hilft, weil er sich selbst nicht helfen will oder zu helfen weiß, der ist nach ein paar Jahren ausgepumpt und leer. Dieser Mensch wird dann zu Recht sagen, daß er von *Nächstenliebe* nichts mehr hören möchte. Deshalb ist die Selbstliebe und der Respekt vor den eigenen Grenzen und Schwächen so wichtig – auch und gerade in der Arbeit mit anderen Menschen.

5.5 Dämonen verstehen und die Teufel umarmen

Eine spirituell-esoterische Lehre sollte keine Angst vor Dämonen schüren.

Oft bilden spirituell-esoterische Lehren die Dualität, die Menschen erleben, in Form von Bildern, Geschichten oder allgemeinen Aussagen ab. Dabei geht es oft um die Grundpolarität: gut und böse. Von Engeln und Dämonen und von Göttern und Teufeln ist die Rede. Teilweise werden auch *gute* und *schlechte* Energien beschrieben. Die UFO-Glaubenden machen zeitweilig auch wohlgesonnene und feindliche UFOs aus.

Niemand wird daran zweifeln, daß es negative und positive Erfahrungen gibt. Jeder wird Tage kennen, an denen gar nichts gelingt und sich die Schwierigkeiten häufen. Manche führen dies nun auf Dämonen, Teufel, schlechte Energien oder sogar auf feindliche UFOs zurück. Das halte ich jedoch für nachteilig und wenig angemessen.

Die Annahme, daß Dämonen, Teufel oder schlechte Energien o.ä. für die Probleme und Schwierigkeiten verantwortlich sind, kann dazu führen, daß Mitglieder sich sehr um Methoden bemühen, die ihrer Ansicht nach Dämonen bannen, Teufel lähmen oder schlechte Energien *neutralisieren* können. All das kann zu einem erheblichen und teuren Aufwand führen.

Hinter all diesen Ideen steckt der Glaube, daß *irgend-*

was da draußen bedrohlich, gefährlich oder doch zumindest ungünstig sei. Gleichzeitig ist dieses *etwas* immer wenig konkret und ungreifbar. Aus meiner Sicht handelt es sich bei diesem Glauben meist um eine Projektion von eigenen Ängsten, Unsicherheiten und Schwierigkeiten auf vermeintlich wirkende Dämonen, Teufel oder schlechte Energien.

Es ist notwendig, daß sich spirituell-esoterisch Interessierte ihre eigenen Ängste, Unsicherheiten und Schwierigkeiten eingestehen. Sie können diese dann auch besser und effektiver bearbeiten, da sie nicht *irgendwo da draußen*, sondern ganz nah und innen sind. Das löst vielleicht Unbehagen aus – aber es schafft auch Raum für eigenes Handeln.

Wer demgegenüber Dämonen oder z.B. schlechte Energien für Probleme und Schwierigkeiten verantwortlich macht, bindet sich an vermeintliche Schutzrituale, die aber aus meiner Sicht keine wirkliche Sicherheit und keine echte Hilfe bieten können. Deshalb bleiben die Mitglieder solcher Lehren wahrscheinlich immer ängstlich und vorsichtig. Spirituell-esoterische Lehren, die dauernd gefährliche Dämonen und Geister oder negative Einflüsse und Energien beschreiben, führen deshalb in eine Sackgasse hinein. Dazu passend werden dann Beistandssteine, magische Zufluchtsketten und Schutzamulette im Handel angeboten. Oder es müssen Schutzengel und Schutzgeister heruntergechannelt werden, damit die Mitglieder sich wieder sicher fühlen können.

Spirituell-esoterische Lehren sollten jedoch nicht dazu führen, daß ihre Anhängerinnen und Anhänger immer ängstlicher und argwöhnischer werden, sondern sie sollten auf realistische Weise dazu ermutigen, offener und liebevoller zu sein.

Im Buddhismus gibt es eine Übung, in der man sich vorstellt, daß der eigene Körper von Dämonen gefressen wird. Bei dieser Übung wird die vorsichtige und ängstliche Haltung des Vermeidens auf den Kopf gestellt: Die *Dämonen* werden nicht mehr verteufelt und weit weg geschoben, sondern eingeladen und *gefüttert*. Diese Übung symbolisiert für mich, daß die Übenden, analog dazu, auch ihre eigenen Probleme und Schwierigkeiten nicht mehr weit weg schieben, sondern annehmen und einladen. Durch das Annehmen und Einladen der eigenen Schwierigkeiten kann sich in den Übenden die Erfahrung entwickeln, daß sie ihren eigenen Problemen standhalten können und daß diese in Wirklichkeit vielleicht gar nicht so schrecklich sind. Die Übenden können erkennen, daß sie sogar noch genügend Kraft und Mitgefühl dazu haben, um die *Dämonen* zu füttern. Die *Dämonen zu füttern* ist demnach ein Bild für die Bereitschaft, sich offen und mitfühlend den eigenen Problemen zu stellen. Eine solche Haltung, ganz gleich in welcher Weise man dazu gelangt, sollte eine spirituell-esoterische Lehre unterstützen.

5.6 Trost finden bei Krankheit und Tod

Eine spirituell-esoterische Lehre sollte keine unrealistischen Hoffnungen wecken.

Oft suchen Menschen in spirituell-esoterischen Lehren Rettung, wenn sie sehr krank sind. Das ganze Leben scheint in einer solchen Situation an ihnen vorbeizuziehen, und sie fragen sich möglicherweise: »Ist es das gewesen?« Manche beginnen sich bisher nie gekannte Fragen zu stellen. Viele fühlen sich in einer solchen Situation leer, einsam und getrieben von der Angst vor dem Tod.

Etliche spirituell-esoterische Lehren machen Aussagen zum Thema *Krankheit und Gesundheit*. Manchmal werden Ursache-Wirkungsmodelle dargestellt, manchmal werden Zusammenhänge zwischen Körper, Seele und Geist erläutert. Mal wird Krankheit gedeutet als blockierte Energie, mal als Disharmonie, mal als Aufgabe, mal als Hilfe zur persönlichen Sinnfindung. Manchmal wird Krankheit auch als Strafe aufgefaßt. Die Erläuterungen und Erklärungen zum Thema Krankheit aus spirituell-esoterischer Sicht sind komplex und vielschichtig.

An dieser Stelle stelle ich eine kleine Auswahl von spirituell-esoterischen Wegen der Annäherungen an das Kranksein vor und kommentiere diese. Louise Hay, die

Autorin des Buches HEILE DEINEN KÖRPER[8], arbeitet mit übersichtlichen Tabellen, die den Lesenden die Probleme, Ursachen und Lösungen von Krankheiten vorstellen sollen:

Problem: Krebs

Wahrscheinlicher Grund: Tiefe Verletzung. Lange bestehender Groll. Tiefes Geheimnis oder Trauer, die am Selbst nagen. Trägt Haß in sich. Empfindet Sinnlosigkeit.

Neues Gedankenmuster: Liebevoll vergebe und löse ich alles Vergangene. Ich beschließe, meine Welt mit Freude zu füllen. Ich liebe und akzeptiere mich.

Die Autorin Hay geht davon aus, daß „jede Krankheit in ihr Gegenteil verwandelt werden kann [...] durch eine einfache Umwandlung von Gedankenstrukturen."[9] Diese Annahme kann ich nicht teilen. Ich glaube sogar, daß durch solche Aussagen unrealistische Hoffnungen bei Betroffenen geweckt werden. Meiner Ansicht nach sind nicht alle schweren Krankheiten heilbar – auch nicht durch die Umwandlung von Gedankenstrukturen. Betroffene, die unter schweren Krankheiten leiden, bekommen mit solchen Aussagen suggeriert, daß sie zu vollkommener Heilung gelangen können, wenn sie nur *wollen*. Das kann Druck und Schuldgefühle erzeugen – für den Fall, daß die Krankheit fortbesteht. Zudem bleibt vollkommen offen, *wie* die neuen Gedankenmuster aufzubauen sind. Aus meiner Sicht ist es im Fall einer schweren Erkrankung si-

---

[8] Hay, Louise: Heile Deinen Körper, - Freiburg: Verlag Alf Lüchow, 1989.
[9] Vgl.: Hay, Louise: a.a.O., S. 7.

cherlich nicht leicht, einfach zu beschließen, *meine Welt mit Freude zu füllen*. Dazu bedarf es – wenn dies überhaupt möglich sein sollte – einer tiefen inneren Einsicht und eines langen Prozesses. Krankheitsursachen, Heilungswege und Bewältigungsstrategien sind meiner Auffassung nach komplexer. In der psychologischen Forschung lassen sich beispielsweise keine einheitlichen Aussagen zum Thema *Krebserkrankung und Psyche* entdecken. Dazu schreibt der Diplompsychologe Lermer: *Krebs und Psyche hängen miteinander zusammen; das ist inzwischen mehrfach bewiesen.* Trotzdem erwähnt auch er, daß die verschiedenen Forschungsergebnisse trotz sensationeller Einzelbefunde kein einheitliches Bild dahingehend ergeben, wie der gesamte Prozeß nun tatsächlich abläuft.[10]

Für Thorwald Dethlefsen, ein bekannter Vertreter der esoterischen Psychologie, stellt sich das Thema Krankheit und Gesundheit so dar:

> *Wir sahen bereits, daß das Kranksein meist für passive Lernschritte steht, die den Menschen mit einer noch nicht akzeptierten Wirklichkeit vertraut machen wollen. Krankheiten sind immer Informationsträger. Es gibt keine sinnlosen Krankheiten. Sie zeigen uns, wo wir unsere Bahn verlassen haben, beenden eingeschlagene Irrwege, zwingen zum Fragen [. . .] Jeder Kranke spürt in seinem Inneren, daß das Kranksein mit ihm etwas zu tun haben muß, spürt etwas von Schuld – für ihn bedeutet seine Krankheit mehr als nur die Fehlfunktion des Körpers.*[11]

Dethlefsen bemüht sich darum, daß interessierte Patienten damit beginnen, die Bedeutung der Krankheit zu entschlüsseln und den eigentlichen Konflikt, der hinter dem Symptom *Krankheit* stehen soll, zu bearbeiten. Meiner

---

10 Lermer, S.: Krebs und Psyche, - Altstätten: Causa Verlag, 1982.
11 Vgl.: Dethlefsen, T.: Schicksal als Chance, - München: Goldmann Verlag, 1979, S. 146.

Auffassung nach kann es für Patientinnen und Patienten tatsächlich nützlich sein zu versuchen, die Krankheit zu verstehen und einen Sinn in ihr zu sehen. Es erwächst den Kranken ein anderer Bezug zu ihrer Krankheit. Manche Erklärungsversuche mögen vielleicht zutreffen, da vielfältige Wechselwirkungen zwischen Körper und Psyche denkbar und belegt sind.[12]

Was aber, wenn jemand in seiner Krankheit keine besondere Bedeutung erkennen kann? Es kann sehr belastend werden, erkrankt zu sein und sich obendrein noch schuldig zu fühlen, weil man annimmt, krankmachende ungelöste Lebensaufgaben mit sich herumzutragen. Solche Schuldgefühle helfen nicht, Hoffnung und Kraft zu schöpfen. Insofern halte ich die Art der Annäherung nach Dethlefsen in diesen Fällen für ungünstig.

Beim Umgang mit Krankheit und Tod sollten Interessierte, egal an welche spirituell-esoterische Lehre sie sich halten, immer bedenken, daß Krankheit und Tod natürlich, gewöhnlich und das gemeinsame Schicksal aller Wesen sind. Niemand kann, auch nicht durch spirituell-esoterische *Tricks*, dem tödlichen Ende des Lebens entkommen. Es ist einfach so, und ich meine, daß eine spirituell-esoterische Lehre mit diesem *So-Wie-Es-Ist* versöhnen sollte.

Ich glaube, daß eine schwerwiegende Krankheit manchmal durch spirituell-esoterische Praktiken, Gebete, Reiki oder durch eine innere Sinnfindung geheilt werden kann. Oft gelingt jedoch dadurch keine Heilung. Doch gerade in solchen Lebenssituationen werden Liebe, Wärme und Trost gebraucht, die aus einer tiefgründigen Lehre entstehen können. Insofern sollten Interessierte darauf achten, ob eine spirituell-esoterische Lehre neben Vorschlägen zu Gesundheit und Heilung auch das Kranksein und das Sterben anerkennt und Trost spendet.

In buddhistischen Gruppen wird darauf hingewiesen, daß auch hohe Reinkarnationen, Lamas oder Heilige, krank werden und sterben. Die im deutschsprachigen

---

12 Vgl.: Bammer, K.: Krebs und Psychosomatik, - Stuttgart – Berlin – Köln: Kohlhammer Verlag, 1981.

Raum sehr bekannte buddhistische Nonne Ayya Khema[13] verstarb beispielsweise 1997 an Krebs. Sie hatte nicht das Gefühl, daß ihre Krebserkrankung z.b. der Ausdruck einer falschen Gedankenstruktur oder eines ungelösten Lebensproblems sei. Für sie war der Krebs einfach eine normale Erscheinung, die viele Menschen betrifft. In einem Fernsehinterview äußerte sie vor ihrem Tod einmal sinngemäß: »Mein Gott, wie lange soll ich denn Ihrer Meinung nach leben?« Ayya Khema konnte sich – wohl auch aufgrund ihres spirituellen Weges – akzeptierend zu ihrer Krankheit und dem nahenden Tod in Beziehung setzen.[14]

5.7 DER WELTUNTERGANG

Eine spirituell-esoterische Lehre sollte nicht den Weltuntergang beschwören.

Einige spirituell-esoterische Lehren zeichnen sich dadurch aus, daß sie den Weltuntergang oder z.b. kommende Ereignisse einer *großen Reinigung* beschreiben. Die Mitglieder der Lehre werden dann, so die Vorstellungen, von Raumschiffen gerettet oder auch von Gott besonders gewürdigt oder erwählt. Derartige Annahmen können zwar im Rahmen der Religionsfreiheit respektiert werden, gleichzeitig ist es jedoch so, daß besonders jene Gruppen, die einen sektiererischen Charakter aufweisen, derartige Erwartungen pflegen.

Dies liegt vor allem darin begründet, daß Mitglieder viel leichter zum Sektenengagement motiviert werden können, wenn sie an einen Weltuntergang glauben. Der Gedanke an den Weltuntergang kann mit großen Ängsten beladen sein, die Sekten oft sehr geschickt für sich nutzen (vgl. 7.1.). Jeder Ausstieg kann mit dem Hinweis: »Wenn Du nichts mehr gegen den Weltuntergang tun willst . . .«, erschwert werden. Menschen, die in solchen Sekten sind, erleben, daß sie unter einem viel höheren Druck stehen

---

[13] Khema, Ayya: Der Pfad zum Herzen, - Pfaffenhofen: Diamant-Verlag, 1990.
[14] Literaturhinweis zum Thema: Longaker, Chr.: Dem Tod begegnen und Hoffnung finden, - München – Zürich: Piper, 1997

und daß sie scheinbar mehr Verantwortung als vor ihrer Sektenzeit tragen. Dies hängt damit zusammen, daß sie sich mit der großen Aufgabe plagen, *den Weltuntergang zu verhindern*. Deshalb können Sektenmitglieder auch nicht verstehen, wenn z.b. Angehörige sie dazu aufrufen, endlich wieder *Verantwortung* zu übernehmen. In ihren Augen tun sie das schon – und zwar in einem unvorstellbaren Ausmaß. Manche Gruppen sehen sich als die geistige *Elite*, die, an vorderster Front stehend, für das Heil (bzw. Unheil) der gesamten Menschheit verantwortlich ist. Ob Weltendzeiterwartungen tatsächlich immer sektiererisch und falsch sind, vermag ich letztlich nicht zu beurteilen. Meiner Auffassung nach ist bei solchen Lehren jedoch immer besondere Vorsicht geboten.

5.8 ZUSAMMENFASSUNG

Spirituell-esoterische Aussagen und Lehren sollte keine Aussagen enthalten, die eindeutig als falsch einzustufen sind (z.B. *Die Erde ist eine Scheibe.*) Interessierte sollten sich den verschiedenen Aussagen annähern können und durch Wissen und Erfahrung zu begründbaren Haltungen gelangen. Eine spirituell-esoterischen Lehre sollte den Interessierten keine *Wunder* versprechen, die angeblich mit minimalem Einsatz erreichbar sind. Die Betonung der Selbstliebe sollte ein Teil einer Lehre sein, besonders dann, wenn sie zur Nächstenliebe inspirieren möchte. In einer spirituell-esoterischen Lehre sollten zudem *Dämonen*, *Teufel* oder *negative Energien* nicht in den Mittelpunkt der Betrachtung gerückt werden – denn dies führt die Mitglieder potentiell in eine ängstliche und übervorsichtige Lebensweise hinein. Eine fundierte spirituell-esoterische Lehre sollte auch keine unrealistischen Hoffnungen dahingehend wecken, daß Krankheit und Tod immer überwunden oder vermieden werden können. Vielmehr hat sie zu verdeutlichen, daß Krankheit und Tod zu allem Lebendigen dazugehören. Sektiererische Lehren sind oft durch das Warten und Hoffen auf den Weltuntergang gekennzeichnet.

KAPITEL 6

KAPITEL: ANHÄNGERINNEN UND ANHÄNGER SPIRITUELL-ESOTERISCHER GRUPPEN – AUTHENTISCHE MENSCHEN ODER FERNGESTEUERTE WESEN?

Grundsätzlich lassen sich spirituell-esoterische Richtungen und Organisationen auch immer durch ihre Mitglieder charakterisieren. Denn diese sind möglicherweise durch ihren Weg in positiver und aufbauender Art vorangeschritten oder in negativer Weise in eine Abhängigkeit geraten. In diesem Kapitel beschreibe ich anhand der Mitglieder einige grundsätzliche Merkmale, die für oder auch gegen die spirituell-esoterische Richtung derselben sprechen können.

6.1 SPÜRBARE LIEBE UND WÄRME

Mitglieder spirituell-esoterischer Richtungen sollten konstruktiv miteinander umgehen.

Dieses Kennzeichen erscheint recht einfach und einleuchtend, gerade dann, wenn es sich um die Mitglieder einer spirituell-esoterische Richtung handeln sollte, die nach Liebe und Mitgefühl strebt. Es kann aber recht schwierig sein, wirklich nachzuprüfen, ob spürbare Liebe und Wärme gelebt wird. Denn auch jede sektiererische Gruppe wird zunächst den Eindruck erwecken wollen, daß alle innerhalb der Richtung sehr harmonisch, friedlich, warm und freundlich miteinander umgehen. Der erste Eindruck einer Sekte wird sich demnach kaum von einer seriösen und förderlichen spirituell-esoterischen Richtung unterscheiden. Um zu prüfen, ob die Mitglieder wirklich spürbare Liebe und Wärme leben, möchte ich hier einige Anregungen geben.

Zunächst einmal können interessierte Personen beobachten, ob die Mitglieder einer Gruppe auch dann freundlich, liebevoll und warm sind, wenn sie mit Menschen umgehen, die sich eindeutig nicht für einen spirituell-esoterischen Weg interessieren. Sektenanhänger, die ständig auf der Suche nach neuen Mitgliedern sind, werden bei spirituell-esoterisch desinteressierten Menschen keine besonderen Mühen aufbringen und diese auch nicht besonders freundlich behandeln.

Ein weiterer Punkt ist, daß Sektenmitglieder oft auch miteinander nicht besonders warm und liebevoll umgehen. Es fällt schwer, an dieser Stelle Abgrenzungen zu Mitgliedern seriöser Organisationen zu entwickeln, weil deren Mitglieder auch nicht zwingend warm und liebevoll miteinander umgehen. Sie zeichnen sich aber dadurch aus, daß sie über Probleme, Streitigkeiten und Schwierigkeiten sprechen. Sie werden Streitigkeiten z.B. nicht *wegmeditieren* oder *wegbeten*, sondern anerkennen und eine praktische Lösung suchen. Auch werden sie nicht versuchen, das Bild einer *immer-harmonischen-Gruppe* zu entwerfen. Anhänger förderlicher Organisationen sind sich nicht immer einig: Sie suchen aber nach Wegen, wie sie realistisch und offen mit Differenzen umgehen können.

Im Gegensatz dazu wird eine sektiererische Gruppe Differenzen, Schwierigkeiten und Probleme nicht besprechen und geheimhalten wollen. Diese Mitglieder versuchen, das Idealbild einer *perfekten Harmonie* zu erhalten. Getreu dem Motto: »Wir lieben uns alle. Und was nicht sein darf, kann nicht sein«, werden Probleme unter den Teppich gekehrt.

Probleme, Streitigkeiten und Differenzen kommen jedoch in jeder Gruppe vor. Um aufgeworfene Probleme und Streitigkeiten zu handhaben, drängen sektiererische Gruppen einzelne Mitglieder, die für die Sekte problematisch oder unbequem geworden sind, ins Abseits. Einzelne Mitglieder können in sektiererischen Gruppen sehr schnell zur unerwünschten Person erklärt werden, wenn sie z.B. nicht bereit sind, sich fraglos an alle Anordnungen der Leitenden zu halten. Die Betroffenen sind dann von drastischen Reaktionen der Ausgrenzung gegen sie meist überrascht und emotional tief betroffen. Die Leitenden und die anderen Gruppenmitglieder, denen sie Liebe und Vertrauen entgegengebracht haben, werden dann unerwartet zu Gegnern. Daß andere Mitglieder die offiziell Ausgegrenzten unterstützen, ist nur schwer möglich, da sie dann ebenfalls zu *Verleumdern* erklärt werden würden. Bezeichnenderweise entstehen in sektiererischen Gruppen auch nur selten tiefe Freundschaften – denn die Kommunikation läuft nur von oben nach unten (Führungsperson – Mitglieder - Schülerinnen und Schüler). Ausgrenzungen können auf tragische Weise dazu führen, daß sich ein Mitglied endlich *läutern* und *zusammenreißen* will. In glücklicheren Fällen wird jedoch die Strategie der Gruppe als unfair, ungerechtfertigt und sektiererisch erkannt, woraufhin sich ein Lösungsprozeß entwickelt.

6.2 KONTAKTE ZU BEFREUNDETEN UND ANGEHÖRIGEN

Mitglieder spirituell-esoterischer Richtungen sollten sich nicht von ihren bisherigen Befreundeten und Angehörigen entfremden.

Ein spirituell-esoterischer Weg kann viele Gefühle und Veränderungen auslösen. Dadurch können sich auch die Beziehungen zu nahestehenden Mitmenschen anders gestalten. Abrupte und weitreichende Veränderungen im Bereich der Beziehungen lassen jedoch darauf schließen, daß eine Person das Opfer einer Sekte geworden ist. Denn Sekten suggerieren, daß Menschen, die nicht der Sekte angehören, grundsätzlich z.b. zu weltlich, zu unbewußt, zu unentwickelt, zu unspirituell oder sogar *teuflisch* seien. Die Mitglieder der Sekte können sich demgegenüber zur *Elite*, zu den *Auserwählten* oder zu den *Geretteten* zählen. Hier kann eine abweisende Haltung gegenüber denen entstehen, die diesen Schritt nicht vollzogen, ganz gleich welche Rolle sie bisher im Leben spielten. Die ablehnende Haltung kann besonders dann hervortreten, wenn sich neue Mitglieder im ersten Rausch des spirituellen Verliebtseins befinden (siehe auch 4.6. Abhängigkeit). Gefährliche Sekten nutzen diese Phase und isolieren die neuen Anhängerinnen und Anhänger räumlich von allen alten Kontakten. Zudem werden sie von sich selbst entfremdet, so daß auch die noch vorhandenen positiven (und alle anderen) Gefühle zu Befreundeten und Angehörigen, die sie aufgrund der Entfernung nicht mehr in einen Kontakt umsetzen können, Stück für Stück versickern. Positive Gefühle zu Befreundeten oder Angehörigen werden Mitglieder dann und wann noch spüren können. Und genau hier haben die Außenstehenden die Möglichkeit, gegen das Sich-Verlieren von Nahestehenden in Sekten zu intervenieren.

Auch förderliche spirituell-esoterische Wege können dazu führen, daß sich die Beziehungen verändern. Dann verbessern sich vielleicht einige Kontakte, einige bleiben wie sie sind und manche werden beendet. In jedem Falle bestimmt die spirituell-esoterisch praktizierende Person selbst und in abwägender Form, wie sie mit ihren Beziehungen umgehen möchte. Eigene Gefühle und Gedanken spielen dabei eine wichtige Rolle. Sie verändert ihre Beziehungen – möglicherweise – , weil sie sich selbst näher kommt und nicht, weil sie entfremdet wird. Das ist ein ganz entscheidender Unterschied. Zudem glauben Mitglieder förderlicher Organisationen nicht, daß sie *besser* oder *heiliger* als andere Menschen sind. Sie denken auch nicht, daß andere Menschen spirituell unentwickelt oder ihnen unterlegen sind. Vielmehr nähern sich spirituell-esoterisch Interessierte, die förderlichen Richtungen angehören, einer Perspektive an, die freier von Vorurteilen und engen Meinungen ist. Dadurch entdecken sie eher eine Verbundenheit mit allen Menschen, auch mit den ganz und gar *unspirituellen*. Dies sollte jedenfalls so sein, wie ich meine. Das hängt natürlich auch mit der Bereitschaft der Mitglieder zusammen, ihre Überzeugungen von richtig und falsch immer wieder loszulassen und sich offen dem zu stellen, was jetzt und hier, jenseits von allen Konzepten, erfahrbar ist.

Beim Kennenlernen einer spirituell-esoterischen Gruppe können interessierte Personen sicherlich abschätzen, ob die Mitglieder eher zu einer sektiererischen Gruppe gehören (Entfremdung von Angehörigen und Befreundeten, Elitebewußtsein, Abwertung von anderen) oder einer förderlichen (eigene Auswahl von Kontakten, Verbundenheit mit anderen) angehören.

6.3 Die Bedeutung einer leitenden Person

Mitglieder spirituell-esoterischer Richtungen sollten sich zuerst ihrem eigenen Gewissen gegenüber verpflichtet fühlen.
Spirituell-esoterische Organisationen werden meist durch charismatische Personen geführt. Mitglieder sektiererischer Organisationen sprechen meist im Flüsterton von ihrem *Guru* und ordnen sich bedingungslos unter. Eine hierarchische Führung der sektiererischen Organisation garantiert, daß die Wünsche und Erwartungen des Gurus eingehalten werden. Solche Mitglieder zeichnen sich dadurch aus, daß sie nichts allein entscheiden wollen und sich nie gegen den Guru stellen. Würde man fragen:»Welche drei Dinge gefallen Euch am wenigsten an der Gruppe und der Führungsperson?«[1], würden sie wahrscheinlich äußern, daß ihnen nichts mißfällt. In solchen Gruppen werden oft die potentiellen Wünsche, Meinungen und Haltungen des Gurus besprochen. Demgegenüber wird nahezu nicht darüber gesprochen, was die Mitglieder selbst möchten, fühlen, denken oder wollen. Mitglieder seriöser und förderlicher Organisationen sind im Gegensatz dazu, und das sollten sie bei einer Anfrage auch sagen, zuerst ihrem eigenen Gewissen verpflichtet. Sie können die oben stehende Frage auch kritisch beantworten. Weil sie mit sich selbst in Kontakt sind, werden sie sich nicht ständig fragen, was eine Leitungsperson möchte, sondern sie werden sich fragen, was sie selbst möchten.

6.4 Humanitäres Engagement

Mitglieder sollten sich humanitär engagieren, wenn dies ihren Werten entspricht.
Mitglieder spirituell-esoterischer Richtungen, die allumfassende Liebe, Nächstenliebe, Mitgefühl oder Frieden

---

[1] Vgl.: Hassan, S.: a.a.O., S. 195.

lehren, sollten dies auch in praktischer Weise umsetzen. Eine Umsetzung z.B. der Nächstenliebe kann geschehen, wenn sich die Mitglieder in humanitären Projekten engagieren. Dabei sollte nicht die Vermittlung der Lehre im Mittelpunkt des Engagements stehen, sondern das Anbieten von konkreten Hilfeleistungen an Bedürftige.

Jede sektiererische Gruppe wird z.B. eine Neuanwerbung von Mitgliedern als besonderen *Dienst* bezeichnen. Ein wirklicher Dienst am Mitmenschen liegt meines Erachtens aber erst dann vor, wenn Hilfe angeboten wird, ohne die Absicht einer Missionierung zu hegen. Die Hilfe sollte allen Menschen offenstehen, unabhängig von Hautfarbe, Staatsangehörigkeit, Religion, Bildung, Alter, sexueller Orientierung u.a.

An dieser Stelle möchte ich einen Grundwiderspruch von sektiererischen Organisationen noch einmal hervorheben. Oft geben diese Gruppen vor, eine *besondere Mission für die Welt* zu haben. Oder sie sprechen davon, daß sie *einen Dienst für die Menschheit* leisten wollen. Diese Welt und die anderen Menschen werden jedoch abgelehnt und abgewertet – solange sie der Gruppe noch nicht beigetreten sind. Deshalb besteht der angebliche *Dienst* eigentlich nur darin, Menschen in die Organisation zu führen. Zu tatsächlichen humanitären Aktionen, wie zahlreiche Hilfsorganisationen sie durchführen, sind sektiererische Organisation hingegen nicht willens und fähig.

6.5 TOLERANZ

Mitglieder sollten sich nicht untereinander diskriminieren.

Auch Menschen, die sogenannten gesellschaftlichen Randgruppen angehören, können sich für Spiritualität und Esoterik interessieren. In den deutschsprachigen Regionen gehören beispielsweise Menschen aus anderen Ländern, mit dunkler oder schwarzer Hautfarbe, körperlich oder geistig behinderte Menschen, transsexuelle Menschen, HIV-Positive, Lesben und Schwule u.a. zu gesellschaftlich diskriminierten Gruppen. Der Umgang mit

Menschen aus diesen Gruppen sagt sehr viel über eine spirituell-esoterische Organisation aus. Auch in spirituell-esoterischen Organisationen kann z.b. rassistisch gedacht und gehandelt werden. Wenn spirituell-esoterische Organisationen einen bestimmten Anspruch haben, z.b. Liebe und Toleranz zu verwirklichen, dann sollten sie diesen Anspruch auch bei den Menschen, die zu ihnen kommen, umsetzen können. Dazu ist es wichtig, daß sich die *normalen* Mitglieder von spirituell-esoterischen Organisationen über mögliche eigene Vorurteile im klaren sind und einen nicht diskriminierenden Umgang üben. Dabei kommt es aus meiner Sicht nicht darauf an, daß Mitglieder so tun, als gäbe es gar keine Vorbehalte. Vielmehr sollten sie versuchen, über diese Grenzen hinweg in Kontakt zu kommen und festgefahrene Vorstellungen durch neues Hinterfragen zu überwinden. Solche Begegnungen können dann für beide Seiten sehr fruchtbar sein. Werden jedoch vorhandene Tendenzen zur Diskriminierung übersehen oder finden sogar handfeste Diskriminierungen statt, z.b. wenn HIV-Positive nicht an Kursen teilnehmen dürfen, dann läßt sich daran erkennen, daß es in der Organisation an der Umsetzung von Liebe und Toleranz mangelt. Gerade wenn eine Organisation vorgibt, diese Werte zu pflegen, ist ein diskriminierendes Verhalten meines Erachtens sehr kritisch zu bewerten.

6.6 ZUSAMMENFASSUNG

Mitglieder sollten spürbare Liebe und Wärme leben, dazu gehört, daß sie miteinander konstruktiv umgehen und Wege finden, wie sie Schwierigkeiten offen bewältigen können. Kontakte zu langjährig nahestehenden Angehörigen und Befreundeten sollten nicht wegen einem Beitritt zu einer spirituell-esoterische Richtung aufgegeben werden. Mitglieder sektiererischer Gruppen zeichnen sich durch ein besonderes *Elitebewußtsein* aus. In förderlichen Gruppen wird eher die Verbundenheit mit anderen Menschen hervorgehoben. Mitglieder spirituell-esoterischer Richtungen sollten sich zuerst ihrem Gewissen gegenüber verpflichtet fühlen und erst in zweiter Linie einer Führungsperson. Sie sollten – wenn dies ihren Werten entspricht – humanitäres Engagement zeigen und in der Gruppe tolerant mit Mitgliedern aus gesellschaftlichen Randgruppen umgehen.

Kapitel 7

Wie können sich Interessierte vor Sekten und deren Strategien schützen? Und: Was bringt sie auf dem spirituell-esoterischen Weg weiter?

7.1 Eigene Ideale und Werte

Spirituell-esoterisch Interessierte sollten eigene Ideale und Werte kennen und schätzen.

Persönliche Ideale und Werte entstehen nicht durch Zufall oder aus dem Nichts. Sie werden durch Eltern oder nahestehende Personen vermittelt und durch eigene Lebenserfahrungen erworben. Bevor sich Interessierte auf einen spirituell-esoterischen Weg begeben, ist es gut, wenn sie sich ihrer eigenen Ideale und Werte bewußt werden. Auch Mitglieder von spirituell-esoterischen Wegen können sich fragen:

1. Welche Ideale und Werte haben mir meine Eltern oder nahestehende Personen vermittelt?

2. Welche Erfahrungen haben mich geprägt und welche Ideale und Werte habe ich selbst dadurch entwickelt?

Beispielsweise erkennt eine Frau bei diesen Fragen, daß ihre Eltern sehr viel von dem Wert der Sparsamkeit gehalten haben, sie selbst aber als Kind darunter gelitten hat. Für sich hat sie deshalb einen völlig anderen Wert entwickelt, nämlich den der Großzügigkeit gegenüber ihren Kindern.

Ein weiteres Beispiel: Ein Mann hat als Junge die Erfahrung gemacht, daß er schwächer als andere war. In dieser Zeit wurde er aber immer von einem großen Hund begleitet und beschützt. Aufgrund dieser Erfahrung entwickelt er den Wert, daß Tiere ein ähnliches Lebensrecht wie Menschen haben, und er wird zum überzeugten Vegetarier.

Diese Beispiele zeigen, daß unterschiedliche Ideale und Werte mit individuellen persönlichen Erfahrungen verbunden sind. Sie sind in gewisser Weise die Essenz der Verarbeitung der persönlichen Erfahrung.

Kommen Interessierte nun mit einer sektiererischen spirituell-esoterischen Lehre in Kontakt, können biographisch gewachsene Werte und Ideale durch eine Lehre scheinbar erfüllt werden. Eine interessierte Person mag sich z.B. sehr für den Weltfrieden einsetzen, nach Gerechtigkeit streben oder in den Dienst für andere treten wollen. Sekten besetzen nun oft sehr geschickt derartige Themen, die für viele Menschen bedeutsam sind. Sie geben vor, genau in diese Richtung zu streben. Interessierte können sich dann schon fast gar nicht mehr gegen die Gruppe entscheiden. Diese genannten, hohen Ideale werden von Sekten aber nur wie ein Köder verwendet. Haben Interessierte erst einmal *angebissen*, werden ihnen sogleich völlig andere Werte vermittelt, die angeblich zur Verfolgung der ursprünglichen Ideale unbedingt nötig sind. Diese anderen Werte bestehen in sektiererischen Organisationen meist im bedingungslosen Gehorsam, in der Selbstverleugnung und in der kritiklosen Akzeptanz aller Anweisungen. Oft sind auch Werte wie Fleiß und Tatkraft in Sekten sehr beliebt. Die Führung einer Sekte suggeriert dann, daß der Weltfrieden nur erreicht werden kann, wenn sich viele Menschen – natürlich ohne jegliche Kritik – ihrer Anschauung anschließen oder ihre Methoden täglich anwenden. Sekten suggerieren, daß die Mitglieder fast alles erreichen können, wenn sie nur genau das tun, was man von ihnen verlangt. Wenn die Mitglieder das akzeptieren, sitzen sie in der *Sektenfalle*.

Mitglieder sektiererischer Organisationen tun erschreckenderweise wirklich fast alles in dem Glauben, es würde für die *gute Sache* sein. Gleichzeitig leben sie nach den Werten der Sekte (z.B. Disziplin, Gehorsam, Kritiklosigkeit, Fleiß), die jedoch nicht ihren ursprünglichen Werten entsprechen. Betroffene können sich dann oft nur langsam und mit großen Schwierigkeiten eingestehen, daß ihre eigenen Ideale (z.B. Frieden, Gerechtigkeit) durch die Sektenaktivitäten überhaupt nicht erreicht werden können. Es kann für Mitglieder äußerst schmerzlich sein zu erkennen, daß die eigenen – oft jahrelangen – Handlungen völlig unnütz waren und zu gar nichts geführt haben, außer zu Selbstentfremdung, finanziellem Ruin, Schädigungen (selbst/ andere) und Isolation.

Sekten verstehen es, einen möglichen Ausstieg mit Angst zu besetzen. Sie behaupten, daß Mitglieder krank werden, Mißerfolg haben und von Dämonen angegriffen werden usw., wenn sie sich von der Gruppe abwenden. Auf diese Weise wird eine Ausstiegsphobie herangezüchtet. Ein Sektenmitglied muß deshalb beim Ausstieg zweierlei leisten: Das Scheitern der eigenen Bemühungen eingestehen und Ängste überwinden. Das ist nicht leicht und es erfordert viel Mut.

Ideale können nun – wie oben beschrieben – in sektiererische Gruppen hineinführen, aber sie geben Menschen auch die Kraft, sich wieder zu lösen. Ein Mitglied mag allein oder mit der Hilfe von anderen[1] erkennen, daß Mitglieder in der Sekte unterdrückt und ungerecht behandelt werden. Es bemerkt die Täuschungen und Lügen gegenüber den neuen Mitgliedern. In lichten Momenten kann das Mitglied diese Dinge klar sehen.

Dann kann es sich allein oder mit der Hilfe von anderen fragen: »Entspricht ein solches Tun eigentlich noch den Idealen, die mich in die Gruppe hinein geführt haben? Kann das zur Gerechtigkeit führen? Kann das zum Weltfrieden führen? Ist das ein liebevoller Dienst am Nächsten?« In religiös orientierten Gruppen kann gefragt werden: »Kann das Gottes Wille für die Menschen sein?«[2] Die Antwort auf die ersten Fragen lautet eindeutig: Nein.

Durch diese Erkenntnis kann ein Sektenmitglied Kraft finden, die Ängste vor dem Ausstieg zu überwinden und erste Schritte zurück in ein freies, eigenverantwortliches Leben zu wagen.

Für die spirituell-esoterisch Interessierten, die nun nicht gerade einer Sekte begegnen, kann das Wissen um die eigenen Ideale und Werte auch sehr bedeutsam sein.

1 Ausstiegsberatungen beschreibt Steven Hassan: a.a.O., S. 197.
2 Steven Hassan arbeitet in Ausstiegsberatungen teilweise mit dieser Frage. Vgl.: Ders.: a.a.O., S. 218.

Denn in spirituell-esoterischen Lehren werden oft Werte und Ideale angesprochen. Zum Beispiel könnte eine Lehre ganz besonders die Nächstenliebe betonen. Eine andere Lehre mag die Freundschaft, eine andere die Freiheit, eine nächste Lehre die Selbstverwirklichung als Wert betonen. Interessierte sollten durch eine spirituell-esoterische Lehre nicht dahin kommen, eigene Werte als unwichtig zu betrachten und sehr plötzlich nach den Werten einer Lehre zu leben, die kaum oder gar nicht zu den eigenen Werten passen. Die ist typisch für Sekten. Zum Sektenextrem gibt es viele kleine Vorstufen. Deshalb möchte ich nachdrücklich nahelegen, eigene Ideale und Werte sehr sorgfältig für sich zu beschreiben und immer im Blick zu halten. Sie sollten in einer spirituell-esoterischen Lehre ausreichend Raum haben.

Natürlich können Interessierte auch spirituell-esoterisch geprägte Erlebnisse haben, durch die sich plötzlich neue Werte entwickeln. Vielleicht erkennt jemand innerhalb von Sekunden, daß er immer zu oberflächlich gelebt hat. Solche *Umkehrerlebnisse* sollten dann aber eine innige und innere Verbindung zu den vorherigen Erfahrungen besitzen.

Nehmen Sie sich also selbst ernst, betrachten Sie Ihre eigenen Erfahrungen als wichtig, schätzen Sie Ihre eigenen Werte und Ideale. Vor diesem Hintergrund können Sie alle möglichen spirituell-esoterischen Lehren studieren, bewerten, verwerfen oder auch – wenn sie Ihren Werten entspricht – annehmen.

7.2 Selbstverantwortung

Interessierte an spirituell-esoterischen Richtungen sollten all ihre Handlungen selbst verantworten können.

Führungspersonen von Sekten sind in der Lage, Menschen zu Marionetten zu degradieren und sie durch Manipulation ihrem Wollen zu unterwerfen. Menschen in Sekten sind *Opfer* solcher Psychostrategien – aber sie können auch zu *Tätern* werden, besonders dann, wenn sie Führungspositionen einnehmen. Dazu ist anzumerken, daß Sektenmitglieder sich selbst zuerst schaden – in zweiter Linie schädigen sie möglicherweise aber auch andere. Wozu Angehörige von Sekten fähig sind, möchte ich nun skizzieren. Dazu greife ich auf Berichte von Aussteigern zurück: Neben Betteln, Verkauf von wertlosem Ramsch, falls weiblich, als Prostituierte arbeitend, investieren Sektenmitglieder mitunter mehr als 12 Stunden ihres Tages und verzichten dabei auf Lohn und Gehalt sowie auf eine angemessene medizinische Versorgung. Sie setzen bisweilen Mitglieder unter Druck und verfolgen Ex-Mitglieder und Kritiker. Ein – so überhaupt noch vorhanden – familiäres Leben, die Erziehung der Kinder verkümmert. Im tragischsten Falle sind Sektenmitglieder zum Mord oder Selbstmord fähig. Aufgrund der Massen(selbst)morde bei den Volkstemplern, den Davidianern, den Sonnentemplern, bei der von Shoko Asahara geführten AUM-Sekte und der Heaven's Gate Gruppe sind extrem gefährliche Sekten stärker in das Bewußtsein der Öffentlichkeit gerückt.

Diese Handlungsweisen von Sektenmitgliedern – besonders die letzteren – sind furchtbar und entsetzlich. Sie lösen Wut, Betroffenheit, Trauer, Fragen und Unverständnis aus – eben weil sie oft nicht oder nur schwer nachvollziehbar sind. Der Frage, was Interessierte an spirituell-esoterischen Richtungen aus solchen Vorfällen lernen können, möchte ich nun nachgehen. Zunächst seien spirituell-esoterisch interessierte Personen davor gewarnt, zu denken, ›das kann mir doch nicht passieren.‹ Auch die Opfer der wahnhaften Sektenführer haben sich ein solches Ende ihres spirituell-esoterischen Weges zu Beginn wahrscheinlich nie und nimmer vorstellen können. Der Sektenführer David Koresh hatte – wer weiß warum – über seinem *Thron* eine Tafel mit dem Text: *Wer nicht aus der Vergangenheit lernt, ist verdammt sie zu wiederholen* angebracht.[3] Damit es nicht zu Wiederholungen kommt, ist vor allem die Bereitschaft zum Lernen zu entwickeln.

3 Hassan, Steven: a.a.O.

Ich denke, daß grundsätzlich jede spirituell-esoterisch interessierte Person besonders wachsam darauf achten sollte, ob sie alles, was sie tut, mit sich vereinbaren und ob sie es verantworten kann.

Jedes sektiererische Muster fängt im kleinen an und wird dann größer. Dazu ein Beispiel: Ein Mitglied einer spirituell-esoterischen Organisation verteilt Flugblätter zur Anwerbung. *Eigentlich* fühlt sich das Mitglied mit diesen Zetteln nicht wohl, da es diese für zu oberflächlich hält. Aber es denkt sich, um der *guten Sache* willen muß ich die wohl verteilen. Würde die Person nun gezielt darauf achten, ob sie das Verteilen des Flugblattes wirklich mit sich selbst vereinbaren kann, dann würde sie die Blätter vielleicht in den nächsten Papierkorb werfen. Gewöhnt sich eine Person einmal daran, Dinge zu tun, die sie eigentlich nicht tun möchte, dann kann das eine Vorstufe für weitere, schlimmere Manipulationen sein.

Wie kann nun eine Person lernen, gezielt darauf zu achten, ob sie eine Handlung mit sich selbst vereinbaren kann? Wie läßt sich Selbstverantwortung lernen? Dazu bedarf es meiner Ansicht nach der Nähe zu den eigenen Gedanken, Gefühlen und Bedürfnissen. Eine Person kann, um diese Nähe zu sich selbst zu erreichen, z.B. an einer (hoffentlich seriösen) Selbsterfahrungsgruppe teilnehmen. Auch therapeutische Prozesse sind geeignet.

Die Fragen: »Kann ich etwas mit mir vereinbaren?« oder: »Kann ich etwas selbst verantworten?« besitzen auch eine moralische Qualität. Die Entwicklung der eigenen Moral kann durch das Bewußtmachen der eigenen Ideale und Werte (siehe 7.1.) gefördert werden. Aber auch Gespräche und Diskussionen mit anderen zu dem Thema: Wie würdest du entscheiden?, tragen zur Entwicklung von eigenen moralischen Positionen bei.

Leider kann ich hier keinen einfachen, klaren Weg und kein *Rezept* für die Entwicklung von Selbstverantwortung entwerfen. Ich möchte aber darauf hinweisen, daß die Entwicklung von Selbstverantwortung beim Beschreiten eines spirituell-esoterischen Weges sehr bedeutsam und unverzichtbar ist, und daß sie zusätzlich einen Schutz vor Sekten darstellt.

7.3 Akzeptanz der eigenen Gefühle

Spirituell-esoterisch interessierte Personen sollten ihre Gefühle kennen und schätzen.
Viele spirituell-esoterische Richtungen sprechen Mitglieder und Interessierte gefühlsmäßig an und arbeiten auch mit emotionalen Begriffen wie z.B. „große Sonne", „innere Zartheit", „spirituelles Herz", „blühender Lotus" oder „kosmische Liebe". Gleichzeitig haben fast alle spirituell-esoterischen Richtungen eine übergeordnete Theorie zum Thema Gefühl.

Aber nicht alle spirituell-esoterischen Richtungen geben sinnvolle Hinweise zum konkreten Umgang mit Emotionen. Ein zentrales Kennzeichen von Sekten ist, daß sie Mitgliedern nicht dabei helfen können, Gefühle zu verstehen und zu bewältigen (1). Statt dessen manipulieren sie Gefühle, um Mitglieder an sich zu binden (2). Aktive Mitglieder von Sekten zeichnen sich dadurch aus, daß sie gelernt haben, Gefühle zu verdrängen (3) oder einer gezielten Uminterpretation zu unterwerfen (4).

Die Uminterpretation (4) kann darin bestehen, daß ein unglückliches Mitglied einer Sekte das Gefühl der Unzufriedenheit und des inneren Schmerzes fälschlich als *spirituelle Reinigung* oder als ein *Wachstum hin zur nächsten Ebene* einstuft. Dann erkennt das Mitglied nicht, daß es aus ganz anderen, völlig unspirituellen Gründen unglücklich ist. Manipulierende Lehrende verbreiten deshalb oft Gründe für die Schwierigkeiten ihrer Mitglieder: Die Schwierigkeiten liegen demnach nicht im sektiererischen Vorgehen der Gruppe oder im lieblosen Umgang begründet, sondern z.B. in den Ex-Mitgliedern, in den Kritikern oder in bösen Mächten der Finsternis, die angeblich die *Göttliche Mission* behindern wollen. Manche Führende sektiererischer Gruppen sagen in eindeutiger Weise zu ihren Mitgliedern:»Wer mir folgt, wird viel ertragen müssen.«

Spätere Probleme werden dann mitunter als korrekte Erfüllung dieser Vorhersage angesehen und nicht als eine Folge der sektiererischen Strukturen. Auch Zweifel oder negative Gefühle gegenüber den Lehrenden können der Uminterpretation unterworfen werden. Dann wird der Ursprung dieser negativen Gefühle im *Ego*, nicht aber in den harten Bestrafungen der Lehrenden gesehen. Durch Uminterpretationen können sich Mitglieder immer wieder neu an die Gruppe binden, auch dann, wenn sie starke Gefühle von Schmerz, Pein und Unglück erleben. Tragischerweise gelten gerade starke negative Gefühle vielen Sektenmitgliedern als Beweis für das Zutreffen der sektiererischen Lehren und für den besonderen Stellenwert der Lehrenden.

Die Gefühle, die nur schwer einer Uminterpretation unterworfen werden können, werden von Sektenmitgliedern oft verdrängt (3). Das ist beispielsweise dann der Fall, wenn ein Mitglied zufällig auf einen Kritiker trifft und diesen – wider Erwarten – sehr sympathisch findet. Eine solches Gefühl wird dann, da es nicht ins Schema paßt, schnell unterdrückt und verdrängt. Mitunter kann ein solches Gefühl auch ein Anlaß zum Nachdenken und ein weiterer Grund für einen Ausstieg sein.

Verdrängt werden von Sektenmitgliedern aber auch sehr viele andere Gefühle: Beispielsweise die Lust auf ein Bier, der Spaß daran, einmal gar nichts zu tun oder der Ärger über den schon wieder anstehenden Hausputz. All diese *Kleinigkeiten*, die das persönliche Leben prägen, werden von Sektenmitgliedern verdrängt. Angesichts der *großen Aufgaben*, die in der Sekte auf sie warten, sind derartig *kindische* Aktivitäten und Gefühle aus der Sicht vieler Mitglieder überflüssig. Sektenmitglieder verzichten jedoch auf diese Weise auf einen wichtigen Teil ihrer Persönlichkeit, ihres Lebens. Nach meiner Sektenzeit begann ich sehr bewußt damit, mir für *Kleinigkeiten* dieser Art Raum zu nehmen und z.B. ein völlig unspirituelles Fußballspiel vor dem Fernseher zu genießen. Das Ausleben von scheinbar kleinen persönlichen Vorlieben ist ein Weg, um eine Sektenerfahrung zu überwinden.

Sekten manipulieren gezielt Gefühle (2). Anfangs sind noch Lob und Schmeicheleien an der Tagesordnung – das *Spirituelle Verliebtsein* wird genutzt. Später werden auch Schuld- und Angstgefühle geweckt, um Mitglieder in Abhängigkeit zu halten.

Sekten können unter all diesen Bedingungen ihren Mitgliedern ganz gewiß nicht dabei helfen, Gefühle zu verstehen und zu bewältigen (1). Die Frage, die sich hier stellt, ist: Können förderliche spirituell-esoterische Richtungen bei der Bewältigung von Gefühlen helfen? Ich denke ja – hilfreiche spirituell-esoterische Richtungen können dazu beitragen, daß Mitglieder Gefühle verstehen und bewältigen. Dabei wählt jede Gruppierung ihren spezifischen Ansatz. Die verschiedenen Zugänge möchte ich hier nicht darstellen, sondern eher übergeordnete Leitsätze, die aus meiner Sicht auf viele hilfreiche Gruppen zutreffen. Zum besseren Verständnis und zur Bewältigung von Gefühlen verdeutlichen hilfreiche spirituell-esoterische Lehren ihren Anhängerinnen und Anhängern:

- daß sie nicht die einzigen sind, die Probleme kennen; Viele Menschen haben vor ihnen ähnlich empfunden und z.B. auch unter Angst gelitten,

- daß es meistens nicht sinnvoll ist, starke Gefühle von Wut und Ärger auf andere Personen zu richten,

- daß es bei emotionalen Problemen mit einer anderen Person wichtig sein kann, offene und klärende Gespräche zu suchen, die von gegenseitigem Respekt und Verständnis geprägt sind,

- daß die Verarbeitung von Gefühlen, wie z.B. Enttäuschung und Trauer, Zeit und Geduld braucht,

- daß es eine innere Stimme gibt, einen Wegweiser für eigene Entscheidungen bei Gewissenskonflikten,

- daß es neben dem Versuch, die eigenen Gefühle zu bewältigen, auch bedeutsam ist wahrzunehmen, daß es noch andere Menschen gibt, deren Schicksal es zu bemerken gilt,

- daß es nie zu spät ist, um mit dem eigenen Leben ins Reine zu kommen.

Durch diese und ähnliche Leitsätze zeichnen sich meines Erachtens viele förderliche spirituell-esoterische Richtungen aus. Auch wenn förderliche Richtungen eher hilfreiche Anregungen zum Umgang mit Gefühlen bieten, ist es für die Mitglieder zusätzlich bedeutsam, daß sie ihre eigenen Gefühle grundsätzlich kennen und schätzen. Auch sogenannten *negativen* Gefühlen ist etwas abzugewinnen. Dazu folgende Gedanken:

Viele spirituell-esoterische Lehren betonen z.b. die selbstlose Liebe, das Mitgefühl, die Güte, die Nächstenliebe, das Verzeihen usw., was sehr anziehende Werte sind. Dennoch sollte realistisch bedacht werden, daß man eben nicht immer gütig oder mitfühlend ist – und auch nicht sein kann.

Menschen in spirituell-esoterischen Gruppen sind *Menschen* und keine ferngesteuerten Roboter. Es ist menschlich, wütend, entnervt oder rachsüchtig zu sein. Keine spirituell-esoterische Lehre sollte aufgrund solcher Gefühle vermitteln, daß man minderwertig ist.

Ich denke, es ist möglich, in der Akzeptanz und in dem Umarmen der *negativen* Gefühle, wie z.B. Wut, Reizbarkeit oder Rachsucht, zu einer heilsamen inneren Auseinandersetzung zu gelangen.

Das meint, die genauen Hintergründe und Ursachen für eine – vielleicht sehr berechtigte – Wut ist zu erkennen. Dies beinhaltet, daß sich Zeit und Raum genommen wird, um z.B. mit der Wut umzugehen. Wut sollte akzeptiert und respektiert und nicht einem Verdrängungsprozeß unterworfen werden.

Auf diese Weise kann sich das Gefühl der Wut sehr schnell in eine andere Richtung entwickeln und z.B. zum Motiv für *positives Agieren* werden. Mit dem Begriff des positiven Agierens bezeichne ich Handlungen, die zu einer Verbesserung der Situation für einen selbst und andere führen können (z.B. Verdeutlichung der eigenen Interessen im Gespräch, Parteinahme für eigene Wünsche, Teilnahme an einer Demonstration, politisches Engagement für einen selbst und andere).

Wer seine Gefühle kennt und schätzt, sie nicht uminterpretiert und verdrängt, der schützt sich vor sektiererischen Strukturen und beginnt, Schritte hin zur Selbstakzeptanz und inneren Offenheit zu wagen – meines Erachtens wichtige Ziele auf dem spirituell-esoterischen Weg.[4]

7.4 DAS EIGENE TEMPO

Spirituell-esoterische Interessierte sollten ihren eigenen Rhythmus finden

Mitgliedern von sektiererischen Organisationen wird nicht eingeräumt, ihr eigenes Tempo auf dem spirituell-esoterischen Weg zu finden. Sie werden zu Zusagen, Seminaren und Verpflichtungen gedrängt. In Sekten gilt nur das schnellstmögliche Tempo als angemessen. Wünsche und Bedürfnisse von Mitgliedern werden dabei gezielt mißachtet.

Die Differenz der Tempi ist für Mitglieder dann spürbar, wenn sie keine Lust haben, zu Gruppensitzungen oder Kursen zu gehen. Das Gefühl der Lustlosigkeit sollte immer wichtig genommen werden – gerade dann, wenn sich jemand fragt, ob er oder sie vielleicht in einer sektiererischen Gruppierung ist.

Die Entwicklung eines Gespürs für den eigenen Rhythmus ist sehr wichtig. Bekannt ist das Phänomen, daß sich

---

4 An dieser Stelle soll darauf hingewiesen sein, daß spirituell-esoterisch interessierte Personen, die schwere Traumatisierungen erlebt haben (z.b. aufgrund von Mißbrauch, Vergewaltigung, Gewalt- oder Kriegserfahrungen), nicht immer angemessen durch spirituell-esoterische Richtungen unterstützt werden können. Aussagen – auch von an sich förderlichen Wegen – sind in diesen Fällen oft nicht differenziert genug, um eine Unterstützung zu bieten. Ratsam ist dann eher, psychotherapeutische Hilfe in Anspruch zu nehmen. Nach ersten Stabilisierungen können dann auch spirituell-esoterische oder religiösen Wege dazukommen. Literaturhinweis: Klein, E.: Buddhistische Persönlichkeiten. Artikel zu Claude An-Shin Thomas, - München: Goldmann Verlag, Reihe Arkana, 1998.

zunächst ganz und gar in eine Sache hineinbegeben, später dann genauso heftig wieder Abstand genommen wird.

Einstieg, aber auch Verarbeitung benötigen ihre Zeit, über die sehr sorgfältig und individuell entschieden werden sollte. Besonders die Zeiten des Rückzuges werden aufgrund von verschiedenen Ursachen benötigt. Nur mit Ehrgeiz oder gar mit Gewalt läßt sich keine spirituelle Entwicklung erreichen.

Spirituell-esoterische Inhalte müssen verarbeitet und integriert werden – inneres Wachstum verläuft nicht nach Plan. Auch dazu sind oft Phasen der Distanz nötig. Durch die verschiedenen Phasen des Abstands und der Wiederannäherung hindurch können Interessierte ein Gefühl für das eigene Tempo entwickeln. Dabei ist wichtig, daß alle Phasen respektiert und als notwendig für die eigene Entwicklung begriffen werden: die Entfernung von Inhalten genauso wie die Annäherung.

Gesammelte Erfahrungen bedürfen je nach Umfang oft erst einmal einer mehr oder minder großen Phase der Verarbeitung. Auch dabei soll der eigene Rhythmus, das eigene Tempo gefunden werden. Ein spirituelles Leistungsdenken ist aufzugeben, wenn sich den inneren Prozessen anvertraut werden soll. Orgyen Tobgyal Rinpoche schreibt zu diesem Thema:

> *Es geht darum, Inspiration und Enthusiasmus sorgfältig mit einer realistischen Akzeptanz unserer gegenwärtigen Grenzen auszubalancieren und zu sehen, wieviel wir an einem Tag wirklich tun können. Sich zu bestrafen, weil man nicht genug getan hat, sich Sorgen zu machen und immer deprimierter zu werden, ist wohl kaum nützlich.*[5]
> ORGYEN TOBGYAL RINPOCHE

---

5 Rinpoche, O. T., in: Rigpa Rundbrief, 11(1999), Nr. 1 / April 1999, S. 11.

7.5 Arbeit akzeptieren

Spirituell-esoterisch Interessierte sollten sich auf einen Weg einlassen. Wenn Interessierte einen tatsächlichen und sicheren Nutzen aus einer spirituell-esoterischen Praxis ziehen wollen, dürfen sie Mühen nicht scheuen. Mühen nicht zu scheuen bedeutet, am Anfang einen Weg ernsthaft und sorgsam zu betrachten. Fortgeschrittene, die spüren, daß ein bestimmter Weg wirklich zu ihnen paßt, sollten dann Zeit und Arbeit in diesen Weg investieren. Ohne Zeiteinsatz und Mühe läßt sich keine spirituell-esoterische Verwirklichung erreichen.

Um überhaupt Zeit und Bemühungen in einen Weg investieren zu können, müssen sich Interessierte erst einmal auf einen bestimmten Weg einlassen. Es ist nicht ratsam, immer wieder neue Wege und andere Lehren auszuprobieren. Sicherlich können Interessierte nur selbst entscheiden, ob sie an einem solchen Punkt sind und es soll niemand auf einem Weg bleiben, der ihm nicht gangbar erscheint. Ebenso sollen aber nicht leichtfertig fremde Methoden aus anderen Traditionen nur einmal *versuchsweise* praktiziert werden.

Manche spirituell-esoterische Methoden aus unterschiedlichen Richtungen passen gar nicht zusammen. Das Zusammenmischen unterschiedlicher Wege und Methoden ohne viel Hintergrundwissen und ohne tiefgründige Erfahrungen kann heikel werden. Oft wird die Wirksamkeit von spirituell-esoterischen Methoden unter- die eigenen Fähigkeiten und Kenntnisse bezüglich dieser Dinge aber überschätzt. Deshalb ist es wichtig, daß auf bekannte Übungen und Methoden der eigenen Richtung zurückgegriffen wird. So Unsicherheiten auftreten, ist der Rat von erfahrenen Lehrenden einzuholen.

Einige eher unseriöse Richtungen bieten Methoden an, die aus ganz unterschiedlichen Richtungen und Traditionen stammen. Daß z.B. afrikanische *Volltrance-Trommel-Tantra-Meditation* in Verbindung mit hinduistischer Mantrapraxis angeboten wird, halte ich für bedenklich. Ich vermute, daß solche Angebote von inkompetenten Lehrenden stammen. Hugo Stamm schreibt dazu:

> *Die wahllose Vermengung verschiedener esoterischer Disziplinen zeigt einen Mangel an Respekt vor den in Jahrhunderten in östlichen Ländern gewachsenen mystischen Erkenntnissen. Und ohne diesen Respekt werden es konsumorientierte Menschen nie schaffen, den Geheimnissen wirklich auf die Spur zu kommen.* [6]
>
> HUGO STAMM

7.6 ZUSAMMENFASSUNG

Spirituell-esoterisch Interessierte sollten ihre eigenen Ideale und Werte kennen und schätzen und die Werte, die in einer Lehre vermittelt werden, einer sorgfältigen Betrachtung unterziehen. Die Selbstverantwortung ist auf einem spirituell-esoterischen Weg unverzichtbar und stellt gleichzeitig einen Schutz vor extremen Sekten dar.

In sektiererischen Gruppen werden Mitglieder dazu gedrängt, ihre Gefühle zu unterdrücken oder umzuinterpretieren. In förderlichen Richtungen werden Impulse zum angemessenen Umgang mit Gefühlen gegeben und – unabhängig davon - die eigenen Gefühle kennen- und schätzengelernt.

Es ist wichtig, auf dem spirituell-esoterischen Weg das eigene Tempo zu finden. Dabei sind die Zeiten der Annäherung genauso wichtig wie Phasen des Abstandes und der eigenen Reflexion.

Ein spirituell-esoterischer Weg kann nur dann zur langfristigen Unterstützung werden, wenn Interessierte sich auf den Weg, auf dem sie sich wohlfühlen, einlassen und auch Arbeit akzeptieren. Zum „Sich-Einlassen" gehört, daß nicht unentwegt Methoden aus ganz verschiedenen Richtungen vermischt werden oder mit ihnen fortwährend experimentiert wird.

[6] Stamm, H.: a.a.O., S. 192.

Kapitel 8

Strategien von Sekten – Verstehen und Überwinden

8.1 Strategien von Sekten aus psychologischer Sicht

Menschen in Sekten werden bisweilen der totalen Kontrolle unterworfen und sind mitunter zu Verhaltensweisen bereit, die sie selbst und andere schwer schädigen. Das Sektenphänomen wirft deshalb die Frage auf, wie erwachsene und oft gut ausgebildete Menschen dazu gebracht werden. Über Formen der Bewußtseinkontrolle schreibt Steven Hassan, daß sie *ein System [ist], das die eigene Identität des Individuums verdrängt.*[1] Methoden der Bewußtseinskontrolle sind Suggestionen im Trancezustand (angebl. *Meditation*) (1), non-verbales Belohnen und Bestrafen (2), Gruppendruck (3), Autoritätsdruck (4), Informationskontrolle (5), Verhaltenskontrolle (6), Gedankenkontrolle (7) und Gefühlskontrolle (8). Diese Methoden möchte ich näher erläutern:

Im Trancezustand (1) richtet sich die Wahrnehmung nach innen. Tagträume stellen eine leichte Form der Trance dar. In tieferer Trance verschwindet die äußere Umwelt im Hintergrund und das innere Erleben tritt stark nach vorne. In solchen Momenten sind Menschen sehr empfänglich für Botschaften und Einflüsse, die sie z.b. von den Menschen erhalten können, die die Trance anleiten. Die Fähigkeit zur kritischen Einschätzung ist in Trance stark vermindert. In Sekten werden derartige Zustände oft als *Meditation* bezeichnet und gezielt zur Beeinflussung benutzt. Auch lange Phasen des erzwungenen Zuhörens (z.B. 4-5 Stunden) führen zu leichten Trancezuständen. Redner, die erkennen, wie das Publikum langsam unaufmerksam und schläfrig wird, setzen in diesen Momenten mit der gezielten Suggestion ein.

1 Hassan, Steven: a.a.O., S. 94.

Das non-verbale Belohnen und Bestrafen (2) kann in folgender Form stattfinden: Eine Gruppe *verschwört* sich z.B. gegen einen Redner. Die Mitglieder sprechen ab, daß sie alle lächeln und Sympathie zeigen, wenn der Redner seine Worte durch Gesten unterstreicht, und daß alle Lustlosigkeit, Desinteresse und Ablehnung zeigen, wenn er dies nicht tut. Diese Gruppe wird das Verhalten des Redners dahingehend beeinflussen können, daß dieser in immer längeren Phasen gestikuliert. Relevant ist, daß der Redner auf diese Strategien reagiert, ohne daß er sie bewußt erkennt. Sekten können in ähnlicher Weise mit Menschen umgehen, die neu in die Gruppe kommen: Sie nicken freundlich, sind aufmerksam und freundlich, wenn der oder die Neue Interesse zeigt. Gleichzeitig sind sie unfreundlich, unaufmerksam und schroff, wenn es z.b. um die Beantwortung von kritischen Fragen geht. Menschen reagieren unbewußt auf solche Verhaltensweisen, solange sie diese nicht als gezielte Strategien zur Beeinflussung erkennen.

Die Mechanismen des Gruppendrucks (3) können anhand eines psychologischen Experimentes, das 1956 von Dr. Solomon Asch[2] durchgeführt wurde, verdeutlicht werden. Asch fand, daß einige Versuchsteilnehmer eine kürzere von zwei Linien als länger beurteilten, wenn ihnen bekannt war, daß eine Gruppe anderer (Mitarbeiter des Versuchsleiters) eine solche Schätzung vorgenommen hatten. Dieses Experiment belegt, daß Menschen sehr schnell an der eigenen Wahrnehmung zweifeln (ist die kürzere Linie wirklich kürzer?), wenn sie glauben, daß andere Menschen die Sachlage anders beurteilen. Zweifel an der eigenen Wahrnehmung können in Sekten natürlich sehr leicht ausgelöst werden, nämlich dann, wenn dort alle der Meinung sind, daß ein Führer außergewöhnlich, wunderbar und weise ist. Ein neues Mitglied kann sich dann schnell

---

2 Asch, Solomon: Effects of Group Pressure Upon the Modification and Distortion of Jugdement, in: Guetzkow, H. (Hrsg.): Groups, Leadership, and Men, - Carnegie, Pittsburgh, 1951. Asch, Solomon: Studies of Interpendence and Conformity: A Minority of One Against a Unanimous Majority, in: Psychological Monographs, 70(1956), Nr. 9.

fragen: Sehe ich die Führungsperson richtig, wenn ich annehme, daß sie eigentlich nur Oberflächliches verbreitet? Übersehe ich etwas *Spirituelles*?

Ebenso kann das autoritäre Auftreten (4) dazu führen, daß Menschen sich sehr schnell dem Willen der Autoritätsperson beugen. Das belegt eine Experimentserie des Psychologen Stanley Milgram (1974)[3]. Er forderte – mit der Autorität des Versuchsleiters – Versuchsteilnehmer dazu auf, anderen Menschen Elektroschocks zuzufügen. Diese sollten angeblich dazu dienen, dem *Opfer* mittels einer Strafe eine bessere Lernleistung zu ermöglichen. Tatsächlich ging es in dem Experiment aber gar nicht um Lernleistungen und das *Opfer* erhielt die Elektroschocks auch nicht wirklich. Es täuschte nur Schmerzensschreie vor. Im Experiment wurde untersucht, ob die Teilnehmer zur Anwendung von Schocks bereit waren. Auf Anweisung des Versuchsleiters waren 66% der Teilnehmer spontan dazu bereit, dem *Opfer* einen Schock zu versetzen, der mit dem Hinweis *Gefahr, schwerer Schock* gekennzeichnet war. Das Experiment macht deutlich, daß sehr viele Menschen dazu bereit sind, ein moralisch überaus fragwürdiges Verhalten zu zeigen, wenn sie von einer Autoritätsperson (hier der Versuchsleiter) dazu aufgefordert werden. Das ist bei Sektenmitgliedern nicht anders und manipulatorische Führungspersonen wissen dies zu nutzen.

Zudem arbeiten Sekten mit Methoden der Informationskontrolle (5). Dabei geht es darum, Mitglieder vom Informationsfluß abzuschirmen. Dies ist natürlich am leichtesten möglich, wenn man Mitgliedern Radio-, Fernseh- und Zeitungsverbote erteilt, was in vielen Sekten der Fall ist. Gleichzeitig sollen sich Mitglieder von Sekten oft untereinander nicht über Dinge unterhalten, die den Führer in Frage stellen könnten. Überdies sollen sie alle Informationen meiden, die von Ex-Mitgliedern oder Kritikern ausgehen. Hält sich ein Mitglied daran, dann entsteht das angestrebte einseitige Bild zugunsten der Sekte.

---

3 Milgram, Stanley: Das Milgram Experiment. Zur Gehorsamsbereitschaft gegenüber Autorität, - Reinbek bei Hamburg: Rowohlt, 1974.

Die Verhaltenskontrolle (6) beinhaltet für ein Sektenmitglied die umfassende Regelung der physischen Realität. Es gibt in Sekten Vorschriften zur Nahrungsaufnahme, zum Freizeitverhalten, zu Kleidung und Aussehen, zur Arbeit, zum Schlafrhythmus und zu sekteneigenen Ritualen, Gebeten oder Meditationen. Diese Handlungen lassen sich natürlich am besten kontrollieren, wenn das Mitglied im Bereich der Sekte (in einem Zentrum o.ä.) lebt. Wenn das nicht der Fall ist, erhalten Mitglieder für alle Lebensbereiche Vorschriften. Mir ist in meiner Sektenzeit einmal aufgegangen, daß es keinen Lebensbereich mehr gab, der frei von Vorschriften oder Regeln war. Das ist ein Zeichen für Verhaltenskontrolle. Laut der sozialpsychologischen Theorie der Kognitiven Dissonanz von Leon Festinger (1957)[4] führen Anstrengungen um einer Sache willen dazu, daß die Wertschätzung, die man dieser Sache entgegenbringt, steigt. Je größer die Anstrengungen, um so größer die Wertschätzung. Da Anstrengungen und Mühen von Sektenmitgliedern über die Verhaltenskontrolle eingefordert werden, entsteht demnach auch eine sehr tiefe Bindung an die Gruppe.

In Sekten findet Gedankenkontrolle (7) z.B. durch Gedankenstopp-Techniken und Sondersprache statt. Gedankenstopp-Techniken bestehen darin, beim Aufkommen von zweifelnden oder kritischen Gedanken sofort eine mentale Gegenmaßnahme einzuleiten. Die Gegenmaßnahme kann im intensiven Beten, im Denken eines Mantras, sie kann auch im Singen oder Summen liegen. Normalerweise ist das Beten oder die Anwendung eines Mantras keine heikle Angelegenheit. In Sekten werden damit aber gezielt innere Gespräche und Gedanken unterdrückt. Die Sondersprache in Sekten führt ebenfalls dazu, daß die Mitglieder ihre Welt nur noch durch die Brille der Führungsperson wahrnehmen. Ex-Mitglieder werden dann zu *Verleumdern*, Kritiker zu *Mächten der Finsternis, die gegen uns ausgesandt worden sind*. Mitglieder dagegen sind keine Mitglieder mehr, sondern *Söhne und Töchter des Lichtes*.

4   Festinger, L.: A theory of cognitive dissonance, - Evanston / III, 1957.

All diese Bezeichnungen prägen auch das Denken der Mitglieder.

Bei der Gefühlskontrolle (8) machen sich Sekten besonders Gefühle wie Schuld und Angst zunutze. Ängste werden in Sekten in erster Linie dazu benutzt, um unrealistische Sorgen vor einem Ausstieg zu erzeugen. Offen oder in der Form von Gerüchten wird verbreitet, daß alle Aussteiger der Sekte unglücklich und verzweifelt sind, krank oder sogar von *Dämonen* verfolgt werden. Selbst vor der Suggestion, daß eine Abkehr von der Gruppe einen nuklearen Holocaust nach sich zieht, wird nicht halt gemacht.[5] Das ist natürlich unrealistisch und unsinnig – wird aber für Sektenmitglieder schnell zur Realität, wenn alle anderen, die sie kennen, daran glauben (vgl. das Asch-Experiment). Schuldgefühle können in Sekten leicht erzeugt und genutzt werden. Das geschieht zunächst einmal durch Vorwürfe wie: »Ihr nutzt euer Potential doch gar nicht!« Oder: »Ihr seid unfähig, euch in höhere spirituelle Ebenen zu erheben!« Oder: »Ihr seid gekettet an eure niedrige Persönlichkeit, verhaftet in Gier und Sexsucht!« All diese Vorwürfe, die in Wahrheit auf jeden normalen Menschen zutreffen (denn wer realisiert sein ganzes Potential, wer kann sich in spirituelle Ebenen *erheben*, wer hat keine sexuellen Wünsche?), fassen Sektenmitglieder als große Schuld auf und sie versuchen, endlich ein *besserer* Mensch zu werden. Dabei gilt: Alle Schuld liegt grundsätzlich beim Mitglied – nie sind die unrealistischen Vorwürfe und Anforderungen der Lehre in Frage zu stellen. Besonders sektentypisch sind Vorwürfe wie: »Ihr Versager behindert meine göttliche Mission!« oder »Wenn ihr euch nicht endlich anstrengt, kann ich meinen göttlichen Auftrag nicht erfüllen – was eine Katastrophe für die ganze Menschheit ist!« Solche Aussagen binden Mitglieder extrem, sie setzen sie unter Druck und lösen massive Schuldgefühle aus.

---

5 Hassan, S.: a.a.O., S. 108.

8.2 Zusammenfassung

Sektiererische Lehren und Lehrende lassen sich dadurch charakterisieren, daß sie:

- keine Verantwortung für das übernehmen, was sie äußern (besonders beim Channeling) und selbst nicht leben können, was sie lehren.
- auf materiellen Erfolg aus sind, obwohl sie andere Werte als bedeutsam hervorheben.
- einige oder alle Strategien der Bewußtseinskontrolle nach Hassan (1993) anwenden.
- zum Beitritt drängen und davon abraten, umfassende Informationen über die Gruppe zu suchen.
- das *spirituelle Verliebtsein* benutzen, um Mitglieder an sich zu binden.
- ihren Mitgliedern keinen Respekt entgegenbringen und diese unter einen *spirituellen Leistungsdruck* setzen.
- ihren Mitgliedern nahelegen, daß ihr reales Ich nicht gut genug und der Selbstliebe und des Respektes gar nicht würdig sei.
- behaupten, daß die Mitglieder ein spirituell-esoterisches Wachstum unter ihrer Führung benötigen, um wertvoll zu werden.
- das, was ihre Mitgliedern selbst möchten, als Form des Egoismus bezeichnen.
- ihren Mitgliedern Sexualität verbieten oder rigoros von ihnen einfordern.
- ihre Mitgliedern wie Kinder behandeln.
- andere Führungspersonen (oder Mitglieder) in unvorhersehbarer Weise belobigen oder bestrafen.

- wichtige Lebensentscheidungen für ihre Mitglieder treffen.
- daß sie Ängste vor einem Ausstieg schüren und Zweifelnde unter Druck setzen.

Lehrerinnen und Lehrer sektiererischer Gruppen lassen sich dadurch charakterisieren, daß sie:

- keine fundierte *weltliche* Ausbildung besitzen und auch keine Phasen des längeren spirituell-esoterischen Lernens durchgemacht haben.
- mitunter Straftaten begangen haben und diese gleichzeitig vertuschen.
- einen umfassenden, alleinigen und *engen Wahrheitsanspruch* besitzen.
- keine guten Kontakte zu anderen Richtungen haben, Kritik ablehnen oder sogar verteufeln und auch keine engen Bindungen im privaten Rahmen besitzen.

Sektiererische Lehren und Aussagen lassen sich dadurch kennzeichnen, daß sie:

- eindeutig falsche Aussagen enthalten (z.B. »Die Erde dreht sich um die Venus!«).
- mit einer undurchschaubaren Wort- und Bedeutungsvielfalt arbeiten.
- Erfolg von inneren, wenig faßbaren und kaum zu erreichenden Zuständen abhängig machen (z.B. »Sie haben Erfolg, wenn sie richtig glauben!«).
- ausschließlich Ziele beschreiben, die nicht genau erfaßt oder definiert werden können (z.B. »Sie erreichen die Imagination!«).
- darauf hinweisen, daß der gesamte Nutzen der Bemühungen erst nach dem Tode eintreten wird.

- aufgrund von minimalen Ursachen große Wirkungen versprechen (z.B. beim Umhängen eines Edelsteins).
- die Selbstliebe und den Selbstrespekt nicht betonen.
- Ängste vor vermeintlich wirkenden Dämonen und Teufeln schüren.
- unrealistische Hoffnungen dahingehend wecken, daß Krankheit und Tod immer überwunden werden können.
- den Weltuntergang beschwören.

Mitglieder von sektiererischen Organisationen sind:

(innerhalb der Gruppe)

- unfähig, konstruktiv und offen mit Problemen umzugehen, die in der Gruppe entstehen.
- dazu bereit, andere Mitglieder einfach fallenzulassen, wenn es von der Führung gewollt wird.
- ohne Kontakte zu Ex-Mitgliedern und kennen deren Austrittsgründe nicht.
- intolerant gegenüber Menschen aus gesellschaftlichen Randgruppen.

(im Kontakt nach außen)

- dazu bereit, neue Mitglieder mit Tricks und Täuschungen anzuwerben.
- von Angehörigen und Befreundeten entfremdet und zählen sich zur geistigen *Elite* oder zu den *Auserwählten*.
- ohne Engagement zu humanitären Projekten, verstehen aber ihre Anwerbungsaktivitäten als einen besonderen Dienst am Menschen.

(im Verhältnis zur Führungsperson)
- außerstande, auch nur nebensächliche Kritikpunkte zu internen Angelegenheiten zu benennen.

Menschen, die in sektiererischen Organisationen verstrickt sind,
- leben nach fremden Werten, die sie eigentlich nicht als ihre eigenen Werte empfinden.
- lassen sich mitunter zu Taten hinreißen, die sie nicht mehr vor sich selbst verantworten können.
- interpretieren wichtige Gefühle um (z.B. ›Ich leide nicht unter der Gruppe, ich erlebe eine wunderbare Reinigung‹).
- verdrängen eigene Gefühle (z.B. Sympathie für einen Kritiker).
- haben kein Gespür für ihr eigenes Tempo auf dem spirituell-esoterischen Weg entwickelt.

Auf eine sektiererische Organisation (ihrer Lehrenden, Mitglieder usw.) können und müssen aber nicht alle der hier genannten Merkmale zutreffen.

8.3 Die Abhängigkeit von der Sekte überwinden

Eine wichtige Hilfe bei der Überwindung einer Sektenabhängigkeit kann die Ausstiegsberatung sein. Beim Versuch, einen Menschen mit Hilfe der Ausstiegsberatung aus einer Sekte herauszulösen, kann es nicht darum gehen, ihm wiederum eine neue Sicht – z.B. die Sicht der Eltern oder die der beratenden Person – aufzudrängen. Auch kann es nicht darum gehen, einem Sektenmitglied die *richtige Religion* nahezulegen. Vielmehr soll das Sektenmitglied erkennen, daß es ein Opfer der Bewußtseinskontrolle geworden ist und daß es das Recht hat auf dem Hintergrund vollständiger Informationen neu zu entscheiden, ob es in der Gruppe bleiben möchte. Bei einer solchen

Beratung sollte im Mittelpunkt stehen, das Mitglied in seinem persönlichen Wachstum zu unterstützen und klarzumachen, daß von dem Recht auf eine freie Wahl bezüglich der Zugehörigkeit zu einer Gruppe Gebrauch gemacht werden kann. Weil eine Bewußtseinskontrolle stattgefunden hat, genügt es in der Beratung nicht, nur ein sachliches Gespräch zu führen. Es müssen Gefühle, die mit der echten Identität der Person verbunden sind, geweckt werden. Dann erst kann die darüber gelagerte Sektenidentität langsam zerbröckeln. Zudem ist bei einer Beratung für einen fruchtbaren Dialog günstig zu wissen, mit welchen Überzeugungen, Ängsten und Ausweichmanövern eine Sekte ein Mitglied indoktriniert hat, welches System der Sektenidentität vorliegt, und welche Gefühle und Gedanken der authentischen Person vor dem Kontakt mit der Sekte bestanden. Den Beratenden ist es dann eher möglich, neue Perspektiven zu öffnen. Das Mitglied kann sich so, wenn es das denn will, aufgrund von neuen Sichtweisen, genauen Informationen und einer vertrauensvollen Unterstützung aus freien Stücken gegen die Gruppe entscheiden. Eine jegliche Loslösung ist nicht einfach. Wenn sie aber selbstbestimmt ist, ist sie sehr tiefgreifend und dauerhaft.

8.4 Was können Angehörige und Befreundete tun?

Aus meiner Sicht ist es sehr hilfreich, wenn Angehörige und Befreundete den Kontakt nicht abreißen lassen. Briefe, Karten und Anrufe sind für das Sektenmitglied oft persönlich bedeutsam. Da das Sektenmitglied einer Bewußtseinskontrolle unterliegt, ist es meistens ineffektiv und nutzlos, lange und aufwühlende Diskussionen zu führen. Um ein effektives Gespräch zu führen, müssen Angehörige und Befreundete sorgfältig Informationen über die Sekte einholen und sowohl Zugang zur Sektenidentität wie auch zur echten Identität des Mitgliedes finden. Vorwürfe, Anklagen, zynische Bemerkungen oder rationale Argumente können dazu führen, daß eine sektiererische Überzeugung mit der Begründung gefestigt wird: »Sie verstehen und respektieren meine Entscheidungen nicht. Ich breche den Kontakt deshalb ab.« Von daher ist es besser, zunächst vorsichtig und fragend auf die Sektenmitgliedschaft zu reagieren. Angehörige können sich arglos nach den Praktiken und Überzeugungen erkundigen und Interesse zeigen. Dabei ist wichtig, daß sie Respekt und Verständnis für die Entscheidung des Mitglieds zeigen, aber hin und wieder auch eine neue Perspektive einbringen. Dies könnte z.b. in dieser oder ähnlicher Form geschehen:

- »Ich kann mir schon vorstellen, daß ein neuer Messias kommt, aber ich weiß nicht, ob dieser dann unbedingt soviel Geld anhäufen würde. Das kann ich mir irgendwie schlecht vorstellen. Wie siehst Du das?«
- »Für mich ist Gott auch sehr wichtig. Aber eigentlich weiß ich nicht ganz genau, was Gott will. Ich möchte ihm nah sein und seinen Willen kennenlernen. Wie siehst Du das für Dich?«

Auf diese Weise erkennt das Mitglied, daß seine Entscheidung geachtet wird. Es ist nicht mehr nötig, sich z.B. gegen die Eltern, die bei strengeren Reaktionen aus der Sicht des Mitgliedes *alles besser wissen wollen*, zu stellen und kann damit beginnen, die Inhalte, Praktiken und die Organisation näher zu betrachten.

Gleichzeitig sollten Angehörige oder Befreundete in einem Gespräch nicht soweit gehen, daß sie die *sektentypischen* Annahmen bestätigen. Mit der Richtschnur: Interesse ja, Zustimmung nein, kann ein Gespräch fruchtbar sein.

In jedem Falle rate ich Angehörigen und Befreundeten dazu, Kontakt zu Sektenberatungsstellen zu knüpfen und auch Ex-Mitglieder der Gruppe aufzusuchen. Auf diese Weise können Sie immer mehr Informationen sammeln und Hintergründe erkennen. Zudem ist es wichtig, im Prozeß der Begleitung eines Sektenmitgliedes eigene Bedürfnisse nicht zu vernachlässigen. Denn es ist nicht hilfreich, wenn sich z.B. Eltern aus Sorge um ihr Kind verzehren.

Bedeutsam ist, daß Sie Hilfe suchen und Hilfe annehmen. Auch übertriebene Schuldgefühle sind fehl am Platze – denn die Gründe für eine Sektenmitgliedschaft sind komplex und individuell verschieden. Es ist nicht immer davon auszugehen, daß z.B. eine mangelhafte Erziehung der Grund für den Beitritt zur Sekte ist. Allerdings können bereits bestehende Konflikte der Familie durch eine Sektenmitgliedschaft noch deutlicher zutage treten. In diesen Fällen ist es sinnvoll, die vorhandenen Probleme in einer Therapie – vielleicht auch ganz unabhängig vom Sektenmitglied – aufzuarbeiten.[6]

8.5 Was Aussteigerinnen und Aussteiger für sich tun können

Zunächst ist es hilfreich, nach einem Ausstieg Informationen über die Gruppe einzuholen, Kontakt zu Sektenberatungsstellen aufzubauen, andere Ex-Mitglieder zu treffen und Berichte über weitere Sekten zu lesen. Durch diese Aktionen kann deutlich werden, daß sie Opfer einer Bewußtseinskontrolle waren, daß es viele Opfer mit ganz ähnlichen Schädigungen gibt und daß alle Sekten mit vergleichbaren Methoden und Drohungen arbeiten. Über diese Erkenntnis wird das Sektengeschehen endgültig entmystifiziert. Um eine Sektenerfahrung auch emotional zu verarbeiten, hilft es sich klarzumachen, daß man aufgrund von schwer durchschaubaren sektiererischen Mechanismen in die Gruppe geraten ist. Phasen von Wut, Trauer und Enttäuschung sind unumgänglich – aber auch heilsam. Kontakte zu anderen Aussteigerinnen und Aussteigern können bei der Verarbeitung dieser Gefühle helfen. Auch Angehörige und Befreundete, die die Phase der neuen Selbstfindung begleiten, können unterstützend sein.

Schuldgefühle und Selbstanklagen liegen nach einer eigenen Sektenerfahrung sehr nahe, sind aber wenig produktiv. Ich denke, daß es besser ist, die Sache so zu nehmen wie sie ist und an positiven Zielen zu arbeiten. Dazu

---

6 Weitere wichtige Hinweise lassen sich finden in: Stamm, H.: a.a.O.

gehört, daß man eine glücklichere Zukunft vorstellen und indoktrinierte Ängste überwinden lernt.

Der ganze Prozeß der Aufarbeitung der Sektenerfahrung braucht Zeit. Dies ist gerade bei den Menschen so, die lange Zeit in einer Sekte waren. Sie müssen mitunter wieder lernen, eigene Entscheidungen zu treffen und langsam damit beginnen, all die vielen vergessenen Facetten ihrer echten Identität neu zu beleben. Das kann nicht von heute auf morgen gehen. Angehörige, Befreundete und Betroffene brauchen dazu Geduld.

Für eine vollständige Aufarbeitung der Sektenzeit ist es wesentlich, daß sich auch mit dem auseinandergesetzt wird, was in der Sekte angenehm und gut war. Jemand, der eingestehen kann, daß es auch schöne Stunden in der Sekte gab, kann besser verstehen, wie und warum es zur Mitgliedschaft gekommen ist.

Ergänzend ist anzumerken, daß Sektenerfahrungen nicht ausschließlich negativ sind, wenn sie innerlich verarbeitet werden. Ausgehend von einer solchen Erfahrung kann beispielsweise eine beträchtliche Wertschätzung für demokratische Prinzipien und die persönliche Freiheit entstehen. Zudem halte ich es für bedeutsam, daß sich Aussteigerinnen und Aussteiger gegen sektiererische Mechanismen engagieren und ihre Erfahrungen anderen mitteilen. Interessierte (und damit potentielle Einsteiger) können z.B. durch Erfahrungsberichte, die im Internet veröffentlicht werden, schnell und bequem aufklärende Informationen erhalten. Auf diese Weise können Sekten empfindlich getroffen und geschwächt werden.

Der Sektenaussteiger und Psychotherapeut Steven Hassan[7] hat in seinem Buch weitere Hinweise für Aussteigerinnen und Aussteiger zusammengestellt. Er berät z.B. ausführlich, wie mit inneren Verletzungen umzugehen ist und zielt auf ein erfolgreiches und selbstbestimmtes (!) Leben nach einer Sektenerfahrung: „Wer einer totalitären Sekte entronnen ist, ist ein Überlebender. Ehemalige sollte ihre eigene Kraft und Stärke erkennen: Wenn sie durch die

7 Hassan, S.: a.a.O., Kapitel 10 und 11.

Sektenerfahrung durchkommen, kommen sie so ziemlich durch alles durch."[8]

8.6 Ausgeschlossene Mitglieder

Einige Sekten schließen Mitglieder aus, wenn diese zu kritische Fragen stellen, aber auch dann, wenn sie krank werden oder physisch und psychisch erschöpft sind. Ausgeschlossene Mitglieder sind am härtesten von Sekten betroffen. Sie fühlen sich mitunter nicht nur von der Gruppe, sondern von Gott selbst bestraft und verdammt. Sie fallen in ein tiefes schwarzes Loch, denn sie müssen sich allein in einer Außenwelt zurechtfinden, die sie jahrelang als feindlich erlebt haben. Sie bewegen sich trotz des Ausschlusses noch immer in der Gedanken- und Gefühlswelt der Sekte, weshalb ihr Austritt nur ein äußerlicher ist. Angehörige und Befreundete können – falls noch Kontakte bestehen – über den Kontakt zu Sektenberatungsstellen nach Hilfen suchen. Mitglieder, die ausgeschlossen worden sind, können sich, um Hilfe zu finden, auch an diese Stellen und an Ex-Mitglieder wenden.

8.7 Motive der Führungspersonen von Sekten

Meistens liegt bei diesen Personen ein grundsätzlicher Mangel an persönlicher Erfüllung und Erfolg im Leben vor. Sie streben aus dieser Position der Bedürftigkeit eine extreme Form der Macht über andere Menschen an. Damit versuchen sie, ihre innere Leere, Unsicherheit und Hilflosigkeit zu kompensieren. Die Möglichkeit – ganz ohne nennenswerte Leistungen – enormen Einfluß auf andere auszuüben und gleichzeitig tiefe Verehrung, Liebe und Gehorsamsbereitschaft zu erhalten, ist natürlich ausgesprochen verlockend. Aus meiner Sicht spielt die Suche nach persönlicher Bereicherung gegenüber diesen Motiven eine eher untergeordnete Rolle. Es ist anzunehmen,

---

8 Hassan, S.: a.a.O., S. 301.

daß Führungspersonen irgendwann selbst an ihren *höheren Auftrag* glauben. Ist eine sektentypische Dynamik im Zusammenspiel mit den Mitgliedern erst einmal hergestellt, ist es wahrscheinlich auch für die Gründerperson außerordentlich schwer, ihre Rolle wieder aufzugeben.

Vielleicht tun Sektenführer, das, was sie tun, einfach deshalb, weil sie es tun können. Der Sumpf der Sekten kann deshalb nur trockengelegt werden, wenn die Nachfrage nach Führerinnen und Führen oder allwissenden Über-Müttern und -Vätern sinkt.

Kapitel 9

Förderliche Wege

Angesichts der vielfältigen Risiken, die auf dem spirituell-esoterischen Weg lauern, mag der eine oder die andere vielleicht lieber gar keinen solchen Weg suchen oder gehen. Auf diese Weise lassen sich natürlich alle potentiellen Gefahren des Bereiches umgehen. Für mich ist das (leider?) keine Möglichkeit, denn mein Interesse an Religion, Spiritualität und z.T. auch Esoterik ist einfach leidenschaftlich. Nach all meinen Erfahrungen mit Religion, Spiritualität und Esoterik bin ich heute jedoch der Auffassung, daß damit nichts Außergewöhnliches erreicht werden kann. Ich glaube, daß diese Auffassung auch einen starken Schutz vor Sekten beinhaltet, denn diese geben oft vor, daß *enorme Wunder* erreichbar seien. Aber, wenn mich die sogenannten Wunder nicht anziehen, was ist es dann? Aus meiner Sicht geht es bei förderlichen Wegen darum, sich mit sich selbst, mit den anderen und dem Leben anzufreunden. Meine erste und letzte Übung ist die, bewußt da zu sein, wo ich bin. Das empfinde ich nicht als besonders spektakulär. Es braucht dazu die Entwicklung von Qualitäten wie Achtsamkeit, Geduld, Mitgefühl, Nachsicht, Freundlichkeit, Offenheit und Gleichmut. Auch diese Qualitäten sind – obwohl sie grundlegend sind – simpel. Auf dem Weg der Entwicklung solcher u.ä. Qualitäten finden sich keine schnellen Lösungen oder einfachen Antworten. Spiritualität in dieser Art beinhaltet eine unscheinbare, leise und akzeptierende Arbeit an sich selbst. Dieses Verständnis von Spiritualität spiegelt sich auch in der folgenden Geschichte:

> *Eines Tages sagte ein Mann aus dem Volk zu Zen-Meister Ikkyu: »Meister, wollt ihr mir bitte einige Grundregeln der höchsten Weisheit aufschreiben?«*
> *Ikkyu griff sofort zum Pinsel und schrieb:* Aufmerksamkeit. *»Ist das alles?« fragte der Mann, »wollt Ihr nicht noch etwas hinzufügen?« Ikkyu*

schrieb daraufhin zweimal hintereinander: Aufmerksamkeit, Aufmerksamkeit. *»Nun«, meinte der Mann ziemlich gereizt, »ich sehe wirklich nicht viel Tiefes oder Geistreiches in dem, was Ihr gerade geschrieben habt.« Daraufhin schrieb Ikkyu das gleiche Wort dreimal hintereinander:* Aufmerksamkeit, Aufmerksamkeit, Aufmerksamkeit. *Halb verärgert begehrte der Mann zu wissen: »Was bedeutet dieses Wort* Aufmerksamkeit *überhaupt?« Und Ikkyu antwortete sanft: »Aufmerksamkeit bedeutet Aufmerksamkeit.«*[1]

Aus meiner Sicht können gerade die spirituell-esoterischen Lehren, die eine innere Auseinandersetzung anregen und dabei kaum oder wenig konkrete Antworten liefern, sehr förderlich sein. Ob es sich wirklich lohnt, einen solchen Weg zu gehen, können die herausfinden, die ihn gehen wollen. Wenn sich Interessierte für einen spirituell-esoterischen Weg entscheiden, halte ich es zudem für bedeutsam, daß sie dies nicht mit der Erwartung tun, daß ein vollkommener Weg, jenseits aller Widersprüche, zu finden ist. Die Hoffnung auf einen vollkommenen und richtigen Weg führt möglicherweise direkt in eine Sekte. Meiner Auffassung nach lassen sich – auch bei seriösen Gruppen und in vielen anerkannten Kirchen – immer wieder Kritikpunkte finden. Bedeutungsvoll ist nun, daß sich in den jeweiligen Gruppen (oder auch Kirchen) Menschen finden, die auf diese Punkte hinweisen und einen Dialog suchen. Wird in einer Organisation ein offener und respektvoller Meinungsaustausch akzeptiert, dann handelt es sich mit Sicherheit nicht um eine sektiererische Organisation. In diesem Sinne sollten sich Lehrende, Mitglieder, Aussagen und Lehren förderlicher Organisationen durch die nachfolgend aufgelisteten Qualitäten auszeichnen.

---

1 Jäger, W.: Suche nach dem Sinn des Lebens, - Petersberg: Verlag Via Nova, 1999, S. 123.

9.1 Zusammenfassung: Merkmale von förderlichen Gruppen

Nicht alle Kriterien für förderliche Gruppen sind in jeder Organisation, die eindeutig nicht sektiererisch ist, anzutreffen. Fehlt ein wichtiges Kriterium, dann sollte, so denke ich, eine Diskussion darüber in der Organisation jedoch möglich sein.

Lehrende seriöser Richtungen zeichnen sich durch folgende Qualitäten aus:

Grundsätzliches

- Sie übernehmen Verantwortung für das, was sie äußern, d.h. sie channeln nicht, und sie können leben, was sie lehren.

- Sie sind nicht auf materiellen Erfolg aus, wenn sie andere Werte als bedeutsam hervorheben.

- Es werden keine Strategien der Bewußtseinskontrolle nach Hassan (1993) angewandt.

Umgang mit Lernenden

- Sie haben nichts gegen einen sorgfältigen Prozeß des Prüfens einzuwenden und sie raten nicht davon ab, umfassende Informationen über die Gruppe zu suchen.

- Sie nutzen das *spirituelle Verliebtsein* nicht, um Neugierige und Faszinierte an sich zu binden, sondern sie relativieren dieses Gefühl.

- Mit Interessierten werden Absprachen getroffen.

- Den Mitgliedern wird Respekt entgegengebracht, *spiritueller Leistungsdruck* entsteht nicht.

- Mitglieder werden ermuntert, ihr reales Ich – mit allen Fehlern und Schwächen - anzunehmen.

- Sie verdeutlichen, daß niemand ein spirituell-esoterisches Wachstum braucht, um wertvoll zu sein.
- Sexualität wird weder eingefordert noch verboten.
- Mitglieder werden wie Erwachsene behandelt, die eigene Werte und Meinungen besitzen.
- Sie treffen keine wichtigen Lebensentscheidungen für ihre Mitglieder, sondern zeigen auf, wie der eigene Weg gefunden werden kann.
- Der Umgang mit potentiellen Aussteigern ist tolerant.

Qualifikationen

- Sie besitzen z.T. eine fundierte *weltliche* Ausbildung und haben in jedem Fall (!) Phasen des längeren spirituell-esoterischen Lernens durchgemacht.
- Sie haben keine Straftaten begangen und wenn doch, dann vertuschen sie sie nicht.

Wahrheitsanspruch und Kontaktfähigkeit

- Sie pflegen einen *weiten Wahrheitsanspruch*.
- Zu anderen Richtungen bestehen gute Kontakte, Kritik wird respektiert, z.T. bestehen enge und dauerhafte Bindungen zu Partnern im privaten Rahmen.

Förderliche Lehren und Aussagen lassen sich dadurch kennzeichnen, daß sie:

- keine eindeutig falschen Aussagen enthalten,
- dazu anregen, eigene Antworten zu finden,
- darauf hinweisen, daß der Nutzen der Bemühungen schon in diesem Leben spürbar ist,

- keine großen Wirkungen aufgrund von minimalen Ursachen versprechen, sondern auf eine regelmäßig ausgeübte spirituell-esoterische Praxis hinzielen,

- die Selbstliebe und den Selbstrespekt betonen,

- Mut dazu machen, vermeintliche *Dämonen* und *Teufel* zu umarmen und darauf hinweisen, daß Krankheit und Tod gewöhnlich und das Schicksal aller Lebewesen sind.

Mitglieder förderlicher Organisationen sind:

innerhalb der Gruppe

- fähig, konstruktiv und offen mit Problemen umzugehen, die in der Gruppe entstehen,

- z.T. mit Ex-Mitgliedern befreundet und kennen deren Austrittsgründe,

- dafür offen, nach Wegen zu suchen, wie sie respektvoll und tolerant mit Menschen aus gesellschaftlichen Randgruppen umgehen können.

im Kontakt nach außen

- frei von Tricks und Täuschungen, wenn sie sich an die Öffentlichkeit wenden. Sie sind bereit, z.B. vor einem Seminar oder Kursus alle Ziele und Anschauungen offen darzulegen,

- verbunden mit Angehörigen und Befreundeten,

- nicht die, die sich zu einer geistigen *Elite* oder zu den *Auserwählten* zählen,

- engagiert in humanitären Projekten, wenn dies ihren Werten entspricht.

im Verhältnis zur Führung

- in der Lage, gegenüber der Leitung Kritikpunkte zu benennen.

Menschen, die förderlichen Organisationen beigetreten sind,

- leben nach Werten, die sie als ihre eigenen Werte empfinden,
- üben sich in der Selbstverantwortung, interpretieren wichtige Gefühle nicht um (z.B. wenn es ihnen schlecht geht, dann geht es ihnen schlecht),
- akzeptieren eigene Gefühle, auch die sogenannten *negativen* Gefühle wie Wut,
- haben ein Gespür für ihr eigenes Tempo auf dem spirituell-esoterischen Weg entwickelt,
- lassen sich auf einen Weg ein und sind bereit Arbeit zu investieren,
- vermischen keine Methoden und Angebote aus unterschiedlichen Richtungen.

Kapitel 10

Abschliessende Gedanken

In der Einleitung wurden spirituell-esoterische und religiöse Lehren als ein Versuch der Kommunikation über die Essenz der menschlichen Erfahrung betrachtet. Am Schluß möchte ich diesen Gedanken nochmals aufgreifen.[1] Bei Interessierten, Anhängerinnen und Anhängern sind vier Modi des Umgangs mit religiösen Themen zu unterscheiden: der fanatische (1), der absolute (2), der relative (3) und der beliebige (4) Modus.

Der *absolute Modus* (2) beinhaltet nach meiner Definition den konventionellen und von vielen akzeptierten Umgang mit religiösen Lehren. Dieser absolute Umgang beinhaltet, daß man sich einer Religion zugehörig fühlt und diese als eine von Gott offenbarte Wahrheit versteht. In der buddhistischen Religion, die auf das Konzept *Gott* verzichtet, wird Buddha als erhabenes und allwissendes Wesen betrachtet, welches die Wahrheit vollkommen darlegte. Für Mitglieder religiöser Lehren, die nach dem absoluten Modus glauben, sind Dialoge mit und Toleranz gegenüber Andersgläubigen denkbar. Dennoch wird die jeweils andere Religion als unangemessen, als unqualifiziert oder sogar mit Arroganz als primitiv wahrgenommen. Das Erleben von Sicherheit durch eine religiöse Orientierung ist bei den Mitgliedern in diesem Modus relativ hoch.

Der absolute Modus kann leicht in den fanatischen Modus (1) umkippen, was auch bei Mitgliedern von Sekten der Fall ist. Beim fanatischen Modus fühlen sich Mitglieder einer Lehre zugehörig, die sie jedoch in einem viel stärkeren Maße als direkte göttliche Offenbarung erleben und als absolute, totale Wahrheit. Die totale Wahrheit fordert von den Mitgliedern den totalen Einsatz. Ein tolerantes Verhalten gegenüber anderen Religionen ist den Mitglieder in diesem Modus nicht oder nur schwer möglich.

---

1 Ich spreche im folgenden vereinfachend von *religiösen Lehren*, wenn spirituell-esoterische oder religiöse Lehren gemeint sind.

Schon immer gab es – in einigen Religionen stärker, in anderen schwächer – Menschen, die ihre religiösen Auffassungen fanatisch und extrem auslebten. Sie haben religiös motivierte Gewalttaten zu verantworten. Der fanatische Modus garantiert den Mitgliedern ein noch stärkeres Gefühl von Sicherheit durch religiöse Orientierung als der absolute Modus – und fordert dafür die persönliche Freiheit des Individuums. Beim fanatischen Modus gilt: Die Religion ist nicht für den Menschen da, sondern der Mensch ist für die Religion (bzw. für Gott oder für die Sekte) da. Unter ihnen vertreten Sekten am deutlichsten die fanatische Religionsauffassung. Führungspersonen von Sekten argumentieren ohne jede theologische Reflexion damit, daß sie von Gott erwählt seien (oder selbst Gott sind) und die *totale Wahrheit* vertreten. Oft tun sie dies mit der eingängigen Begründung: »Es ist wirklich so einfach: Gott will dies und nichts anderes.« Je destruktiver die Wünsche der Götter in Menschenform sind, desto schlimmer die Folgen für die Mitglieder. Potentielle Aussteiger müssen dem mächtigen »Gott will es!«, ihr schlichtes »Und was möchte ich?« entgegensetzen. Im Verlauf dieses Buches dürfte deutlich geworden sein, daß dies ausgesprochen schwierig sein kann.

Den *beliebigen Modus* (4) möchte ich als ein eher neues Phänomen im Umgang mit religiösen Lehren schildern. Im Gegensatz zum absoluten Modus, bei dem die Mitglieder nach außen klar definierte Grenzen besitzen, die im fanatischen Modus zu zerstörerischen Festungen werden können, besitzen Mitglieder des beliebigen Modus nur sehr undeutliche und vage Grenzen. Sie ordnen sich mitunter keiner Religion zu und vertreten die Auffassung, daß alle Religionen gleich sind oder doch zumindest zum gleichen Ziele führen. Da alle Religionen für sie ähnlich sind, nehmen sich Interessierte oft aus den verschiedenen Religionen frei nach Wunsch das heraus, was sie brauchen können. Eine individuelle *Patchwork-Religion* kann entstehen. Glaubensinhalte werden dann zu Schlagworten, die beliebig und austauschbar erscheinen, z.B. in dieser Form: »Das, was Du Gott nennst, nenne ich Tao.« Ob aber ein jüdisch-christliches Gottesverständnis tatsächlich mit dem

Begriff des *Tao* in Einklang gebracht werden kann, wird nur wenig geprüft. Das Verwischen von Grenzen beim beliebigen Modus beinhaltet für mich oft eine nur oberflächliche Toleranz, die eher durch ein Nichtwissen als durch eine tiefe Bereitschaft zum Dialog gekennzeichnet ist. Der beliebige Modus bietet eher ein geringes Maß an Sicherheit durch religiöse Orientierung, aber ein hohes Maß an persönlicher Freiheit. Deshalb vermute ich, daß die Mitglieder des beliebigen Modus möglicherweise auch dahin tendieren können, eine fanatische Religionsauffassung zu entwickeln, wenn sie einer Sekte begegnen.

Den *relativen Modus* (3) möchte ich als eine Form skizzieren, bei denen die Mitglieder nicht annehmen, daß alle Religionen gleich sind oder zum selben Ziele führen – sie nehmen eher an, daß die Funktionen der Religionen vergleichbar sind. Alle Religionen geben Hinweise zu menschlichen Fragen wie z.B.: »Woher komme ich?« Und: »Wohin gehe ich?« Religionen vermitteln – in mehr oder minder gelungener Form – Sinn, Orientierung, Ethik und verschiedene Werthaltungen (z.B. Altruismus). Der Indologe Helmuth von Glasenapp schreibt dazu:

> *Ich bin mir darüber klar, daß der von mir eingenommene Standpunkt, daß alle Religionen gleicherweise nur zeitbedingte Ausdeutungsversuche eines von uns immer nur unvollkommen und zu einem Teil erfaßbaren Metaphysischen sein können, bei strenggläubigen Vaishnavas und Shaivas, Buddhisten des Kleinen und Großen Fahrzeugs, Konfuzianern und Taoisten, Katholiken und Protestanten, Sunniten und Shiiten keinen Beifall finden wird. Denn der überzeugte Anhänger einer bestimmten Gemeinde, mag sie nun eine Weltkirche oder eine kleine Sekte sein, ist zumeist des Glaubens, daß die religiöse Anschauung, die er für sich als die richtige erkannt hat, auch für alle anderen Menschen die gleiche Geltung haben müsse. Die vergleichende Religionswissenschaft kann einen derartigen Totalitätsanspruch einer bestimmten Religion nicht anerkennen. Da-*

> *zu führt schon die Erwägung, daß die Bekenner jeder Glaubensform nur eine Minderheit innerhalb der Gesamtheit der religiösen Menschen ausmachen und daß sich die religiösen Konzeptionen und Erlebnisse, wenn auch langsam und unmerklich, in den verflossenen Jahrtausenden der Weltgeschichte andauernd verändert haben.*[2]

In diesem Sinne werden religiöse Aussagen und Lehren im relativen Modus als historisch bedingt, kulturabhängig, wandelbar und möglicherweise subjektiv bedeutsam – nicht aber objektiv bedeutsam – aufgefaßt. Die Mitglieder des relativen Modus schreiben keiner Religion, auch nicht der eigenen eine absolute oder gar totale Wahrheit zu, wie dies z.b. beim absoluten und fanatischen Modus geschieht. Trotzdem aber lassen sie sich auf ein für sie relatives, aber hilfreiches religiöses System ein, das ihren Werten und Anschauungen am ehesten entspricht. Aufgrund des Einlassens bestehen klare Grenzen zu anderen religiösen Systemen und wegen des fehlenden Absolutheitsanspruchs liegt gleichzeitig eine tiefe Bereitschaft zum respektvollen interreligiösen Dialog vor. Die Sicherheit durch religiöse Orientierung ist in diesem Modus eher gering – die persönliche Freiheit aber groß. Beim relativen Modus ist der Mensch nicht für die Religion, sondern die Religion ist für den Menschen da. Meine Auffassung, religiöse Aussagen und Lehren als einen Versuch der Kommunikation über die Essenz der menschlichen Erfahrung zu betrachten, entspricht am ehesten diesem relativen Modus.

Diese vier Modi – die fanatische, absolute, relative und beliebige Religionsauffassung – können hier nur vereinfacht dargestellt werden. Die Wirklichkeit ist um einiges komplexer und vielschichtiger. Geprägt und variiert werden diese Modi durch unterschiedliche historische und örtliche Bedingungen. So kann der beliebige Modus viel-

2 Glasenapp, H. von: Die fünf Weltreligionen, - München: Diederichs, Gelbe Reihe, 1996, S. 12.

leicht nur unter den Bedingungen der heutigen Zeit auftreten. Es ist zu vermuten, daß einige Menschen eher dazu neigen, ein hohes Maß an Sicherheit durch religiöse Orientierung zu suchen als andere. Diese Menschen sind, wenn sie Sekten angehören, auch nur sehr schwer aus diesen herauszulösen. Denkbar ist auch, daß einige Menschen nur in bestimmten Lebensphasen eine starke religiöse Orientierung suchen und es diesen deshalb leichter gelingt, sich aus dem Bann einer Sekte zu lösen, wenn diese Zeitspanne vorüber ist.

10.1 Quintessenz

Jede religiös interessierte Person wird für sich selbst herausfinden müssen, wie sie ihren Weg gehen möchte und welche inneren Haltungen sie dabei pflegen will. Die zahlreichen spirituell-esoterischen Wege, die in ihrer offen zugänglichen Form erst seit wenigen Jahrzehnten bestehen, sind neu. Einerseits ist diese Vielfalt verlockend und aussichtsreich, andererseits beinhaltet sie aber auch ein grösseres Risiko für eine suchende Person. Wer sich dieser Vielfalt stellen möchte, sei es nun aus Lust und Laune, Interesse oder einem inneren Drängen, kommt an einer Auseinandersetzung nicht vorbei. Nicht gerade einfache theologische, psychologische und persönliche Fragen können und sollten bei der Bewertung einer Richtung eine Rolle spielen. Ich habe versucht, in diesem Buch meine Überlegungen, Gedanken und Argumente für oder gegen bestimmte spirituell-esoterische Wege auf einfache Weise darzulegen. Im Verlauf meiner eigenen spirituell-esoterischen Reise habe ich entdeckt: Freiheit ist großartig, macht aber viel Arbeit. Auf meinem spirituellen Weg ist mir sowohl eine religiöse Orientierung wie auch ein hohes Maß an persönlicher Freiheit unentbehrlich. Ebenso suche ich einen Ausgleich zwischen vernünftigen Argumenten, die für oder gegen eine Richtung sprechen können, und religiösen Gefühlen. Vielleicht können meine Überlegungen zur Orientierung beitragen oder eine Herausforderung darstellen. Aus meiner Sicht ist bedeutsam, daß Interessierte an spirituell-esoterischen Richtungen in einen Dialog über Streitpunkte treten. Denn solange miteinander geredet, nachgedacht, gefunden und wieder verworfen wird, kann davon ausgegangen werden, daß keine Sekte langfristig fähig ist, uns in ihren Wirkungskreis zu ziehen. Und nur, wenn wir uns im Lichte einer vernünftigen Reflexion dem stellen, was uns im Innersten bewegt, können wir fähig werden, für uns selbst und andere wirklich heilsam zu sein.

In diesem Buch habe mich zu einer relativen Religionsauffassung bekannt. Aber auch, wenn ich religiöse und / oder spirituell-esoterische Lehren als historisch bedingt, kulturabhängig und menschlich geprägt verstehe, sind sie mir trotzdem unendlich bedeutsam. Denn sie sind für mich Ausdruck des tiefsten menschlichen Strebens nach Glück, Sinn, Orientierung, Altruismus und ethischen Werten. Auf eine religiöse Lehre und eine spirituelle Praxis kann ich nicht verzichten, denn dort findet eine direkte Kommunikation – von Herz zu Herz – über bedeutsame menschliche Themen, wie z B. Geburt, Leben, Tod und Transzendenz statt. Diese Kommunikation hilft mir zu sehen und zu fühlen, was mir wertvoll und heilig ist. In dieser Erfahrung kann ich dann auch lernen, glaubend zu vertrauen – auf eine größere Wahrheit, die ich nicht ergreifen oder begreifen kann.

LITERATURVERZEICHNIS

Verwendete Literatur

[1] Asch, S.: Effects of Group Pressure Upon the Modification and Distortion of Jugdement, in: Guetzkow, H. (Hrsg.): Groups, Leadership, and Men. - Carnegie - Pittsburgh, 1951.

[2] Ders.: Studies of Interpendence and Conformity: A Minority of One Against a Unanimous Majority, in: Psychological Monographs, 70(1956), Nr. 9

[3] Baginski, B.J.; Sharamon, S.: Edelsteine und Sternzeichen. - Aitrang: Windpferd, 1993

[4] Bammer, K.: Krebs und Psychosomatik. - Stuttgart - Berlin - Köln: Kohlhammer Verlag

[5] Beloff, J.: Lehren aus der Geschichte der Parapsychologie, in: Zeitschrift für Parapsychologie und Grenzgebiete der Psychologie, 35(1993), Heft 3/4

[6] Caddy, E.; Platts, D.E.: Bring mehr Liebe in dein Leben - du hast die Wahl. - Braunschweig: Aurum-Verlag, 1996

[7] Chögyam, T.: Das Buch vom meditativen Leben. - München: Barth-Verlag, 1989

[8] Dethlefsen, T., Schicksal als Chance. - München: Goldmann Verlag, 1979

[9] Gasper, H.; Müller, J.; Valentin, F.: Lexikon der Sekten, Sondergruppen und Weltanschauungen. Fakten Hintergründe, Klärungen. - Freiburg: Herder, 1990

[10] Glasenapp, H. von: Die fünf Weltreligionen. - München: Diederichs, Gelbe Reihe, 1996

[11] Haraldsson, E.: Und plötzlich hörte ich eine Stimme, in: TW Neurologie Psychiatrie, 10(1996), 4, S. 258 - 265

[12] Haraldsson, E.; Houtkooper, J.M.: Psychic Experiences in the Multi-National Human Values Study, in: Journal Am.Soc.Psych. Res. 85(1991), 2, S. 145 - 165

[13] Hay, Louise: Heile Deinen Körper. - Freiburg: Verlag Alf Lüchow, 1989

[14] Jäger, W.: Suche nach dem Sinn des Lebens. - Petersberg: Verlag Via Nova, 1999

[15] Lermer, S.: Krebs und Psyche. - Altstätten: Causa Verlag, 1982

[16] Lucadou, W. von: Wie „hell" sehen Hellseher? - in: TW Neurologie Psychiatrie, 10(1996)4, S. 275 - 278

[17] Khema, Ayya: Der Pfad zum Herzen. - Pfaffenhofen: Diamant-Verlag, 1990

[18] Klein, E.: Buddhistische Persönlichkeiten. Artikel zu Claude AnShin Thomas. - München: Goldmann Verlag, Reihe Arkana, 1998

[19] Maslow, A. H.: Psychologie des Seins. - München: Kindler, 1973

[20] Milgram, S.: Das Milgram Experiment. Zur Gehorsamsbereitschaft gegenüber Autorität. - Reinbek bei Hamburg: Rowohlt, 1974

[21] Murphy, J.: Die unendliche Quelle ihrer Kraft. - München: Ariston, 1981

[22] Rinpoche, O. T., in: Rigpa Rundbrief, 11(1999), Nr. 1 / April 1999

[23] Rinpoche, S.: Das Tibetische Buch vom Leben und Sterben. - München: Barth-Verlag, 1996

[24] Schmid, G. O.: Zur „Heaven's Gate" Gruppe, in: Evangelische Informationsstelle: Kirchen – Sekten – Religionen. Internetveröffentlichung unter:`http://www.ref.ch/zh/infoksr/Sekte.html`

[25] Stamm, Hugo: Sekten – Im Bann von Sucht und Macht. - München: dtv, 1995

[26] Student, J.-C.: Das Hospiz-Buch. - Freiburg: Lambertus-Verlag, 1994

[27] Vivekananda, Swami: Karma-Yoga und Bhakti-Yoga. - Freiburg: Bauer Verlag, 1990

Weiterführende Literatur

Allgemeine Informationen und Darstellungen zum Thema Sekten

[28] Abel, R.B.: Die Entwicklung der Rechtsprechung zu neueren Glaubensgemeinschaften, in: Neue Juristische Wochenschrift (1996), S. 91 - 95

[29] Baumgartner, H.M. (Hrsg.): Verführung statt Erleuchtung. Sekten, Scientology, Esoterik. - Düsseldorf: Patmos, 1993

[30] Cammans, H.-M.: Sekten – Die neuen Heilsbringer? - Düsseldorf: Patmos, 1998

[31] Eggenberger, O.: Die Kirchen, Sondergruppen und religiösen Vereinigungen. Ein Handbuch. - Zürich: Theologischer Verlag, 1994

[32] Eimuth, K.H.: Die Sekten – Kinder. Mißbraucht und betrogen – Erfahrungen und Ratschläge. - Basel–Wien: Herder, 1996

[33] Haack, F.W.: Jugendreligionen. Zwischen Scheinwelt, Ideologie und Kommerz, München: Heyne, 1994

[34] Hauth, R.: Hexen, Gurus, Seelenfänger, Wuppertal: Brockhaus, 1994

[35] Hemminger, H.: Was ist eine Sekte? Erkennen, Verstehen, Kritik. - Stuttgart: Quell Verlag, 1995

[36] Hummel, R.: Gurus, Meister, Scharlatane. - Freiburg: Herder, 1996

[37] Romberg, J.: Es ist so leicht ein fremder Mensch zu werden, in: GEO 7 (1995), S. 60 - 74

[38] ZEITSCHRIFT: Berliner Dialog, Hrsg. Thomas Gandow, Berlin

[39] Zinser, H.: Der Markt der Religionen. - München: Fink Verlag, 1997

Astrologie

[40] Goldner, C.: Die Befragung der Orakel, in: Psychologie Heute, 10/94

[41] Nanninga, R.: Wie Wolken am Himmel, in: Skeptiker, 9(1996)4, S. 136-137

[42] Rae, A. C.: Mitreden beim Thema Astrologie und Wahrsagen. - München: Humbold, 1994

Außergewöhnliche, paranormale oder übersinnliche Erlebnisse

[43] Bauer, E.: Lucadou, W. von (Hrsg.): Spektrum der Parapsychologie. - Freiburg: Aurum, 1983

[44] Beloff, J.: Neue Wege in der Parapsychologie. - Olten–Freiburg: Walter, 1980.

[45] Eysenck, H. J.: Sargent, C., Der übersinnliche Mensch. - München: Kösel, 1984.

[46] Harder, B.: Die übersinnlichen Phänomene im Test. - Augsburg: Pattloch, 1996.

[47] Lay, Barbara: Eine aktuelle Umfrage zum Thema „Psi", in: Zeitschrift für Parapsychologie und Grenzgebiete der Psychologie, 30(1988)1-4, S. 202 - 210

[48] Lucadou, W. von: Psyche und Chaos, Theorien der Parapsychologie. - Frankfurt: Insel, 1995

[49] Luck, G.: Magie und andere Geheimlehren in der Antike. - Stuttgart: Kröner, 1990

[50] Randow, G. von (Hg.): Mein paranormales Fahrrad und andere Anlässe zur Skepsis. - Reinbek bei Hamburg: Rowohlt, 1993

[51] Wiklund, N.: Welches Beweismaterial für Psi haben wir?, in: Zeitschrift für Parapsychologie und Grenzgebiete der Psychologie, 25,(1983)1-2, S. 55-66

[52] ZEITSCHRIFT: Zeitschrift für Parapsychologie und Grenzgebiete der Psychologie, Freiburg (Bestellungen unter: WGFP, Hildastr. 64, 79102 Freiburg)

Heilung und sanfte Medizin

[53] Federspiel, K.; Herbst, V.: Die andere Medizin. Nutzen und Risiken sanfter Heilmethoden. - hg.v. Stiftung Warentest, Berlin, 1991

[54] Kabat-Zinn, J.: Gesund und streßfrei durch Meditation. - München: O.W. Barth, 1991

HellseherInnen und Medien

[55] Hund, W.: Sag mir deinen Namen und ich sage dir, wie du heißt!, in: Skeptiker, 6(1993)1, S. 4-9

[56] Schouten, S.: Quantitativ ausgewertete Experimente mit Medien und Paragnosten – eine Übersicht, in: Zeitschrift für Parapsychologie und Grenzgebiete der Psychologie, 33(1991)3-4, S. 203-236

Nahtoderfahrungen

[57] Moody, R.A.: Leben nach dem Tod. - Reinbek bei Hamburg: Rowohlt, 1977

[58] Ring, K.: Den Tod erfahren – das Leben gewinnen. - Bergisch-Gladbach: Lübbe, 1988

[59] Sogyal Rinpoche: Das Tibetische Buch vom Leben und Sterben. - München: Barth-Verlag, 1995

Positives Denken

[60] Hoefler, Angelika, Sorge Dich nicht – schwebe! - Bielefeld: Pendragon, 1998

[61] Merkle, R.: Wenn das Leben zur Last wird. - Mannheim: PAL, 1991

[62] Merkle, R.: So gewinnen Sie mehr Selbstvertrauen. - Mannheim: PAL, 1989

[63] Scheich, G.: Positives Denken macht krank. - Frankfurt: Eichborn, 1997

Psychologische Theorien zum Thema Abhängigkeit in Sekten

[64] Festinger; Rieken; Schachter: When Prophecy Fails, Harper and Row, 1964

[65] Herkner, Werner: Sozialpsychologie. - Bern, Stuttgart, Toronto: Huber Verlag, 1991

[66] Weiner, Bernard: Motivationspsychologie. - München, Weinheim: Psychologie Verlags Union, 1994 - 3. Aufl.

Psychomarkt

[67] Federspiel, K., Lackinger Karger, I.: Kursbuch Seele. - Köln: Kiepenheuer & Witsch, 1996

[68] Goldner, C.: Psycho. Therapien zwischen Seriosität und Scharlatanerie. - Augsburg: Pattloch Verlag, 1997

[69] Hemminger, H.: Die Rückkehr der Zauberer. - Reinbek bei Hamburg: Rowohlt, 1991

[70] Nordhausen, F.; Billerbeck, L.: Psychosekten, Berlin: Ch. Links Verlag, 1997

[71] Platta, H.: New-Age Therapien. Pro und Contra. - Weinheim: Quadriga, 1994

Reinkarnationstherapie

[72] Goldner, C.: Reinkarnationstherapie, in: Skeptiker, 6(1993)2, S. 32-38

[73] Wiesendanger, H.: Wiedergeburt: Wahn oder Wahrheit?, in: Psychologie heute, 14(1987)9, S. 20-31

Sterben und Tod

[74] Bartholomäus, L.: Ich möchte an der Hand eines Menschen sterben. - Mainz: Grünewald, 1980

[75] Beutel, H.; Tausch, D.: Sterben – eine Zeit des Lebens. Handbuch der Hospizbewegung. - Stuttgart: Quell Verlag, 1989

ANHANG

SPIRITUELLE-ESOTERISCHE RICHTUNGEN, METHODEN, BEGRIFFE UND PERSÖNLICHKEITEN

Akasha-Lesung: Rudolf Steiner, Begründer der Anthroposophie (siehe unten), beschreibt eine im *Weltenäther gedachte Akasha-Chronik*, die Aufschluß geben soll über die Geschichte der Menschheit aus esoterischem Blickwinkel. Bisweilen wird der Begriff ohne eine Bezugnahme auf Steiner verwendet. Dabei wird davon ausgegangen, daß die individuelle Geschichte eines Menschen und auch kollektive Geschichte der Menschheit in der Akasha-Chronik aufgezeichnet sind. Bei der Akasha-Lesung soll in dieser Chronik gelesen werden. Vgl.: Gasper, H.; Müller, J.; Valentin, F.; Lexikon der Sekten, Sondergruppen und Weltanschauungen, Fakten Hintergründe, Klärungen, Freiburg: Herder, 1990, S. 56.

Alice Bailey: 1880 – 1949, bedeutende Vertreterin der Theosophie (siehe unten), gründete 1923 die Arkanschule, Organisationsbezeichnung auch Lucis Trust. Bailey hatte sich zunächst der Adyar-Theosophischen-Gesellschaft von H. P. Blavatsky angeschlossen, die sie 1923 verließ. Seit 1919 besaß A. Bailey nach eigenen Angaben eine telepathische Verbindung mit dem tibetischen Meister Dwjhal Kul. Vgl.: Gasper, H.; Müller, J.; Valentin, F.: a.a.O., S. 1060.

Ananda Marga: Gründer war Prabhat Ranjan Sarkar (1921 – 1990), geübt wird eine tantrische Yogapraxis mit geregeltem Tagesablauf für die Mitglieder. Stufenpfad zur Vergeistigung wird angeboten. Literaturhinweis: Ananda Marga, Yoga, Der Weg zum kosmischen Bewußtsein, Mainz, 1987. Vgl.: Gasper, H.; Müller, J.; Valentin, F.: a.a.O., S. 41 – 42.

Anthroposophie: Lebenswerk des Rudolf Steiner (1861 – 1925), geb. in Österreich, Autor von fast dreißig

Büchern; Themen: Erziehung und Pädagogik, biologisch-dynamische Landwirtschaft und Gartenbau, Kunst, Soziales Leben, Kultur, Eurhythmie und esoterische Themen. Steiner ist von der Theosophie (siehe unten) beeinflußt worden.

Aromatherapie: Bei der Aromatherapie wird davon ausgegangen, daß bestimmte Düfte und Essenzen eine günstige und heilende Wirkung besitzen.

Astrologie: Die Astrologie macht, ausgehend von der Sternenkonstellation während der Geburtsstunde, Aussagen über das Wesen, Schicksal und die Erfahrungen eines Menschen. Dabei wird meist angenommen, daß die Sterne das Schicksal bestimmen und festlegen. Andere gehen eher davon aus, daß die Sterne gewisse Entwicklungen begünstigen oder nahelegen.

Avatar: Hinduistischer Begriff; Vorstellung, daß ein göttliches, vollkommenes Wesen die Verkörperung sucht, um den Menschen eine göttliche Ordnung und Botschaft zu bringen. Rama und Krishna gelten im Hinduismus als Avatare; sie sollen zyklisch auftreten. Heute bezeichnet sich z.B. Sathya Sai Baba (siehe unten) als Avatar.

Avatar-Training: Eine Kernidee des Avatar-Trainings ist die folgende: Überzeugungen entstehen nicht aus Erfahrungen, sondern Erfahrungen entstehen aus Überzeugungen. Ob eine nähere Verbindung zum ursprünglichen hinduistischen Avatarbegriff besteht, ist nicht bekannt. Literaturhinweis: Palmer, H.: Avatar – Die Kunst befreit zu leben, Bielefeld: Context-Verlag, 1995. Vgl.: Evangelische Informationsstelle: Kirchen – Sekten – Religionen, Internetveröffentlichungen unter: http://www.ref.ch/zh/infoksr/Sekte.html

Ayurweda: Indische Heilkunst. Literaturhinweis: Miller, G.: Ayurweda und Aromatherapie, Aitrang: Windpferd, 1996.

Ayya Khema: 1923 als Kind jüdischer Eltern in Berlin geboren, 1997 an Krebs verstorben. 1979 in Sri Lanka ordiniert. Von 1988 – 1997 leitete Ayya Khema das *Buddha-Haus* im Allgäu. Literaturhinweis: Ayya Khema, Der Pfad zum Herzen, Pfaffenhofen: Diamant-Verlag, 1990.

Bahaì: Neureligiöse Gemeinschaft aus dem schiitischen Islam Persiens. Begründer Hazrat-i Bab (1819 – 1850). Husain Ali Nuri (1817 – 1892), auch Baha´ullah genannt, wird sein Nachfolger. Alle Religionen werden im Bahaì Glauben gewürdigt – doch bildet die Bahaì Religion aus der Sicht der Mitglieder die für die heutige Zeit gemäße Religion. Literaturhinweis: Effendi, S.: Gott geht vorüber, Hofheim, 1974. Vgl.: Gasper, H.; Müller, J.; Valentin, F.: a.a.O. S. 99–105.

Brahma Kumaris: Gründer Lekh Raj (1876 – 1969), übersetzt bedeutet *Brahma Kumaris* die *Töchter Brahmas*. Brahma Kumaris stellt eine esoterische Meditationsbewegung mit hinduistischem Hintergrund dar. Literaturhinweis: Nagel, St.: Raja-Yoga Meditation. Der edle Pfad der Selbstentfaltung. - Essen 1992; Gasper, H.; Müller, J.; Valentin, F.: a.a.O., S. 122 – 124.

Bruno Gröning Freundeskreis: Bruno Gröning (1906 – 1959) ist in einfachen Verhältnissen aufgewachsen. Er sah sich selbst als Heiler mit außergewöhnlichen Fähigkeiten. Literaturhinweis: Häusler, Grete, Bruno Gröning führt uns zum lieben Gott, Düsseldorf: Efal, 1992. Interessierte finden ausführliche Einschätzungen in den Internetveröffentlichungen der Evangelischen Informationsstelle: Kirchen – Sekten – Religionen, siehe: `http://www.ref.ch/zh/infoksr/Sekte.html`

http://www.religio.de/therapie/groening/

Channeling: Vorstellung, daß *Geister* oder *Verstorbene* durch Menschen sprechen und sich so mitteilen. Literaturhinweis: Roberts, Jane, Gespräche mit Seth. - München: Goldmann, 1986.

Christliche Wissenschaft: Gründerin Mary Baker Eddy (1821 – 1910), die Kernüberzeugung der Anhänger beinhaltet, daß positive Gedanken heilend, Gedanken über Tod und Krankheit aber falsch und schädlich sind. Christliche Überlieferungen werden in diese Überzeugung miteinbezogen. Literaturhinweis: Mary Baker Eddy, Wissenschaft und Gesundheit mit Schlüssel zur heiligen Schrift, Boston: Scientist, 1975; Vgl.: Gasper, H.; Müller, J.; Valentin, F.: a.a.O., S. 157–163.

Davidianer-Sekte: Führer David Koresh, bürgerlicher Name Vernon Howell (1959 – 1993), Gründung der Organisation 1903 durch den Wanderprediger Benjamin Purell. Am 28.2.1993 wollte die Polizei die Räume der Sekte durchsuchen (Haft- und Durchsuchungsbefehle lagen vor), die Sekte griff an und tötete vier Polizisten, 23 Polizisten wurden verletzt. April 1993 stürmte das FBI nach 51 Tagen Belagerung den Sitz der Davidianer *Mount Carmel* in Waco/Texas. Daraufhin steckte die Sekte ihr eigenes Gebäude in Brand – als Opfer sind 85 Tote zu beklagen. vgl.: Mandau, L.: Tödlicher Sektenwahn. - München: Bettendorf, 1995.

Feuerlaufen: KursteilnehmerInnen gehen nach einer Anleitung barfuß über glühende Kohlen. Dabei soll es nicht zu Verbrennungen kommen.

Fiat Lux/ Uriella: Der Orden Fiat Lux wurde durch Erika Bertschinger-Eicke (geb. 1929) gegründet. Sie versteht sich als *Sprachrohr Gottes* und gibt als *Uriella* Offenbarungen weiter. Teil der Lehre Uriellas ist die Hoffnung, daß UFOs irgendwann die Erdbewohner retten werden (UFO-Glaube, siehe unten). Literaturhinweis: Grant u. Bender, Fiat Lux – Uriellas Orden, München, 1992. Interessierte finden ausführliche Einschätzungen in den Internetveröffentlichungen der Evangelischen Informationsstelle: Kirchen – Sekten – Religionen, siehe: http://www.ref.ch/zh/infoksr/Sekte.html

Findhorn Community: Gemeinschaft in Schottland, 1962 von Eileen und Peter Caddy und Dorothy Maclean gegründet. Das gemeinsame Leben gründet sich nicht auf Dogmen; die Gemeinschaft würdigt alle großen religiösen Traditionen. Ein Ziel der Findhorn Community liegt in der Integration von spirituellen Idealen in den Alltag. Weitere Schwerpunkte: Gemeinschaftsleben und Ökologie. Literaturhinweis: Eileen Caddy, Morgen der Veränderung. - München: Kösel, 1987.

FORUM: Es hat seine Wurzeln im EST, das 1971 von Jack Rosenberg gegründet wurde, 1984 Umbenennung in FORUM. Das FORUM bietet ein Training nach dem Motto: *60 Stunden, die Dein Leben verändern!* Weitere Anbieter der FORUMS-Idee sind die Organisationen: THE CENTERS NETWORK und LANDMARK EDUCATION. In Verbindung stehende Aktivitäten sind: DAS HUNGERPROJEKT, THE COMMUNICATION COURSE und WORLD RUNNERS. Literaturhinweis: Rhinehart, L.: Das Buch EST. - München, 1983; Gasper, H.; Müller, J.; Valentin, F.: a.a.O., S. 261 – 263.

Geistheilung: Über geistige oder mentale Prozesse soll eine Heilung in Gang gebracht werden. Literaturhinweis: Edwards, Harry, Wege zur Geistheilung. - Freiburg: Bauer, 1999.

Geistige Führung: In einigen Fällen werden darunter Geistwesen verstanden, die einen Menschen begleiten und dabei schützend wirken sollen. Der Begriff wird von den spirituell-esoterischen Richtungen nicht einheitlich benutzt.

Heaven's Gate-Sekte: Gegründet von Marshall Herff Applewhite (Sektenname: Do) und Bonnie Lu Trusdale Nettles (Sektenname: Ti). Kollektiver Suizid in Rancho Santa Fe am 26.3.1997. 39 Tote sind als Opfer zu beklagen. Vgl.: Nordhausen, F. und Billerbeck, L. v.: Psycho-Sekten. - Berlin: Ch. Links, 1997.

Heilen mit Blütenessenzen: Literaturhinweis: Bach, Edward, Heile dich selbst mit den Bach-Blüten. - München: Droemer Knaur, 1992.

Heilen mit Edelsteinen: Literaturhinweis: Franzen, S. und Müller, R.: Vital und gesund durch Farben und Edelsteine. - München: Hugendubel, 1995.

Heilen durch mediale Botschaften: Botschaften von gechannelten Wesen zur Heilung von Krankheiten (siehe oben: Channeling).

Hexenkult: Beinhaltet Praktiken der weißen Magie, Glaube an die Urkraft der Frauen, Ablehnung des Vater-Gottes, statt dessen Glaube an die *Große Göttin*, z.T. auch feministische Elemente und Hintergründe. Literaturhinweis: Francia, L.: Mond, Tanz, Magie. - München: Frauenoffensive, 1986.

I-Am-Bewegung oder Saint Germain-Foundation: von Guy Ballard (1878 – 1939) gegründet und geleitet. *Lichtarbeit* ist die Bezeichnung für die spirituell-esoterische Tätigkeit der I-Am-Schüler. Nach dem Tod von Guy Ballard kam es zur Spaltung in die drei Organisationen: BRÜCKE ZUR FREIHEIT, UNIVERSALE KIRCHE und SUMMIT LIGHTHOUSE. Diese Bewegungen haben auch die Ashtar-Command-Gruppen beeinflußt, die einen UFO-Glauben (siehe unten) vertreten. Vgl.: Evangelische Informationsstelle: Kirchen – Sekten – Religionen, Internetveröffentlichungen unter: `http://www.ref.ch/zh/infoksr/Sekte.html`

I-Ging: Es entstammt der chinesischen Philosophie und Religion. Wird zu Orakelzwecken benutzt und als Weisheitsbuch. Das Orakel entsteht so: Zeichen, die beim Werfen von Schafgarbenstengel entstehen können, sollen Daseinsformen der Wirklichkeit darstellen und Entscheidungshilfen geben können. Vgl.: Gasper, H.; Müller, J.; Valentin, F.: a.a.O., S. 486 – 488.

Indianische Spiritualität: Spirituelle Praktiken, die von amerikanischen Indianern entwickelt wurden. Literaturhinweis: Sun Bear, Ich möchte, daß ihr kraftvolle Wesen seid, in: Freitag, E.: Rat der Weisen. - München: Goldmann, 1994, S. 146 – 162.

ISKCON/ Hare-Krishna-Bewegung: 1966 wird von Swami Prabhupada (1896–1977) die INTERNATIONALE GESELLSCHAFT FÜR KRISHNA BEWUSSTSEIN (Abkürzung: ISKCON) gegründet. Ziel: Verbreitung der vedischen Kultur und Religion im Westen. Vgl.: Gasper, H.; Müller, J.; Valentin, F.: a.a.O., S. 507 – 509.

Karma-Kagyü-Schule, Literaturhinweis: Lama Ole Nydahl, Das Grosse Siegel, Raum und Freude grenzenlos, Die Mahamudra-Sichtweise des Diamant-Weg Buddhismus. - Sulzberg: Joy-Verlag, 1998.

Kelten: Die keltische Kultur ist etwa 700 vor Chr. entstanden. Die keltische Mythologie ist nicht schriftlich überliefert. Die Druiden waren Hauptträger der keltischen Religion. Zeitgenössische Druidengruppen führen auf sog. Kraftplätzen (z.B. die Externsteine) naturmagische Rituale (z.B. die Sonnenwendfeier) aus. Literaturhinweis: Lessing, E.: Die Kelten. - Freiburg, 1979. Vgl.: Gasper, H.; Müller, J.; Valentin, F.: a.a.O., S. 550 – 552.

Nirvana: Erlösung aus dem samsarischen Daseinkreislauf, buddhistischer Begriff.

Numerologie: Zahlenmystik; Zahlen und Ziffern werden Bedeutungen zugeschrieben, die etwas über Menschen oder Ereignisse aussagen sollen. Methoden:

Addition der Ziffern des Geburtsdatums eines Menschen oder, im Falle von Ereignissen, Addition der Ziffern des Datums.

Osho: vormals Bhagwan Shree Rajneesh, sein bürgerlicher Name lautete: Rajneesh Chandra Mohan (1931 – 1990), gründete in Poona die OSHO COMMUNE INTERNATIONAL, die vor allem von westlichen Menschen besucht wurde und wird. Die Lehre von Osho enthält verschiedene Elemente aus allen großen religiösen und philosophischen Traditionen, insbesondere stand ihm der indische Tantrismus (siehe unten) nahe. Zudem werden in dem System Elemente von östlicher Religiosität und westlicher Therapie verbunden. Literaturhinweis: Rajneesh Ch. Mohan, Komm und folge mir. - Zürich: Droemer, 1976.

Pema Chödrön: wurde im Westen geboren, lebt heute als buddhistische Nonne und leitet das Kloster Gampo Abbey in Kanada. Sie veröffentlichte das Buch BEGINNE, WO DU BIST. - Braunschweig: Aurum-Verlag, 1995.

Pendeln: Ein Pendel soll das *unbewußte Wissen* einer Person freilegen und so z.B. Fragen beantworten können. Wenn das Pendel bei einer schwangeren Frau einen Kreis beschreibt, dann bekommt sie – der Vorhersage nach – ein Mädchen. Pendel sollen z.B. auch *gute Plätze* oder *geeignete Nahrungsmittel* anzeigen können.

Positives Denken: Esoterische Richtungen, die die Bedeutung des positiven Denkens hervorheben. Literaturhinweis: Peale, Norman Vincent, Die Kraft des positiven Denkens. - Zürich: Oesch-Verlag, 1998.

Pranayama: Es bezeichnet eine Atemtechnik, die im Yoga verwendet wird. Literaturhinweis: Alke, H.D.: Die Stufen des Pranayama – Trainingsprogramm für Führungskräfte. - Flörsheim: Kyborg Inst. – Verlag, 1994.

Ramakrishna-Mission: Geht zurück auf Ramakrishna, ein indischer Heiliger (1836 – 1886). Ramakrishna galt als extravaganter und verrückter Mystiker. Nach eigenen Angaben erlangte er die mystische Vereinigung mit Gott in der hinduistischen, christlichen und islamischen Tradition. Literaturhinweis: Torwesten, H.: Ramakrishna, Schauspieler Gottes. - Frankfurt a. M.: Fischer Verlag, 1981.

Reiki: Japanische Heilslehre, auch bezeichnet als *Universale Lebensenergie* – sie soll den Menschen zur Harmonie mit sich selbst und den grundlegenden Kräften des Universums führen. Reiki soll ein Mittel gegen organische und psychische Krankheiten darstellen. Literaturhinweis: Baginski, B.J.; Sharamon, S.: Reiki – Universale Lebensenergie. - Essen: 1984.

Reinkarnationstherapie: Esoterische Therapeuten gehen bei der Reinkarnationstherapie davon aus, daß Menschen bereits mehrere Leben gelebt haben. Schwierigkeiten und Probleme in diesem Leben interpretieren sie als eine Folge von Verwicklungen und Vorfällen aus früheren Leben. Die Klienten versuchen in der Therapie in Trance, die Vorfälle früherer Leben zu ergründen, um ihr jetziges Leben zu meistern. Dabei kann es auch um die Heilung von Krankheiten gehen, die aus früheren Leben resultieren sollen. Ein Vertreter der Reinkarnationstherapie ist Thorwald Dethlefsen. Literaturhinweis: Schicksal als Chance, München: Goldmann Verlag, 1990. Eine Bewertung der Reinkarnationstherapie finden interessierte LeserInnen bei der Evangelische Informationsstelle: Kirchen – Sekten – Religionen, Internetveröffentlichungen unter: http://www.ref.ch/zh/infoksr/Sekte.html

Rigpa: Buddhistisches Netzwerk, spirituelle Leitung: Sogyal Rinpoche, geboren in Tibet, Meditationsmeister. Schwerpunkte: Spirituelle Sterbebegleitung, Bereitstellung von buddhistischen Lehren, Unterstützung insbesondere für humanitäre Projekte in Tibet.

Rinpoche: Buddhistischer Begriff; Bezeichnung für die *Kostbaren*. Das sind Menschen, von denen angenommen wird, daß sie in einem früheren Leben eine gewisse oder eine völlige Vollendung erlangt haben.

Rosenkreuzer: Seit dem 19. Jahrhundert Selbstbezeichnung für Vertreter des modernen Okkultismus. Es bestehen unterschiedliche Rosenkreuzer-Schulen. Die INTERNATIONALE SCHULE DES ROSENKREUZES bietet einen fünfstufigen Transfigurationsweg an. Ziel ist die Wiedererweckung des *Geistfunkenatoms*, eines göttlichen Funkens im Menschen. Vgl.: Gasper, H.; Müller, J.; Valentin, F.: a.a.O., S. 919 – 923.

Samadhi: Vollendung der Meditation, Begriff stammt aus dem Yoga.

Sathya Sai Baba: Geburt 1926 in Puttaparthi, Indien, bezeichnet sich als *Avatar* (siehe oben) – eine göttliche Inkarnation. Weltweit etwa 30 Millionen Mitglieder. Literaturhinweis: Sathya Sai Baba, Lebe die Liebe. - Wien: Sathya Sai Philosophische Vereinigung, 1987.

Schamanismus: Schamanen sind *Seher* und Helfer eines Stammes. Durch spirituelle Erfahrungen, Rituale, Träume und Visionen sollen sie z.B. Kontakt zu Geistern und Göttern knüpfen. Schamanische Praktiken und Übungen werden heute – losgelöst von der Kultur in der sie entstanden sind – in Kursen angeboten.

Scientology: Begründer L. Ron Hubbard (1911 – 1986), Scientology versteht sich selbst als Abschluß und Krönung des bisherigen Suchens der Menschheit. Die scientologischen Methoden sollen den Menschen zur Befreiung und Erlösung führen. Literaturhinweise: Hubbard, L.R.: Dianetik. Die moderne Wissenschaft der geistigen Gesundheit. - Genf, 1979.

Kritikerin von Scientology z.B.: Redhead, S.: Der teure Traum vom Übermenschen. Eine ehemalige Scientologin berichtet. - München: Claudius, 1993. Vgl.: Gasper, H.; Müller, J.; Valentin, F.: a.a.O., S. 962 – 970.

Shambhala: Buddhistisches Netzwerk, Gründer: Chögyam Trungpa Rinpoche, geboren in Tibet, studierte in England Psychologie, Religionswissenschaften und Kunstwissenschaften. Er lebte und lehrte danach in den USA und begründete die *Shambhala-Lehren*, die insbesondere den westlichen Menschen einen Zugang zum Wesen der buddhistischen Praxis eröffnen wollen. Sein Buch MYTHOS DER FREIHEIT, Berlin: Theseus-Verlag, erschien 1976. Weitere Publikationen liegen vor. Chögyam Trungpa ist 1987 verstorben.

Shoko Asahara: Gründer der AUM-Sekte, Japan (Aufbau: 1987), 1955 geboren, wahrscheinlich verantwortlich für den Anschlag auf die Tokioter U-Bahn am 20.3.1995, grausiges Ergebnis: 11 Tote und 5500 Verletzte. Auf dem Sektengelände findet die Polizei Nuklearmaterial, Gift und gefährliche Bakterien, die mehrere Millionen Menschen hätten töten könnten. Asahara wird z.Zt. in Japan der Prozeß gemacht (vgl. Süddeutsche Zeitung, 20.3.1999). Vgl.: Mandau, L.: Tödlicher Sektenwahn. - München: Bettendorf, 1995.

Sogyal Rinpoche: geboren in Tibet, Meditationsmeister, Begründer und geistiger Leiter von Rigpa (siehe oben) – ein weltweites Netzwerk buddhistischer Gruppen und Zentren. Er veröffentlichte DAS TIBETISCHE BUCH VOM LEBEN UND VOM STERBEN. - München: Barth Verlag, 1996.

Sonnentempler-Sekte: Selbstmord und Mordaktionen in der Gruppe 1994 und 1995. Führer: Joseph di Mambro und Luc Jouret, 1982 Gründung der Gemeinschaft. Die Niederlassungen befanden sich in der Schweiz und in Kanada. Es sind 53 Tote zu beklagen.

Vgl.: Mandau, L.: Tödlicher Sektenwahn, München: Bettendorf, 1995.

Sri Chinmoy: 1931 in Indien geboren, trat mit 12 Jahren in den Ashram von Sri Aurobindo ein, ging 1964 in den Westen. Lehre enthält Elemente des Bhakti-Yoga und eine Praxis der Meditation. Unternehmen der Gruppe: DIVINE ENTERPRISES, MADAL BAL, SEWA-MÄRKTE; eine Unterorganisation ist z.B. der CLUB FÜR DEN INTEGRALEN YOGA. Vgl.: Gasper, H.; Müller, J.; Valentin, F.: a.a.O., S. 1012 – 1014.

Sufismus: Islamische Frömmigkeitsbewegung, die intensive, persönliche Gottesliebe und -suche praktiziert. Starke mystische Elemente. Literaturhinweis: Schimmel, A.: Mystische Dimensionen des Islam, Köln: Insel, 1985.

Tantra: Der Tantrismus ist eine hinduistische Weltanschauung. Er beeinflußte den Shivaismus, den Shaktismus, den Jainismus und den mahayanischen Buddhismus. Das All-Eine wird im Tantrismus symbolisiert in der Vereinigung des männlichen und weiblichen Prinzips. Im Westen wird diese Lehre oft als Schulung hin zur befreiten Sexualität und Emotionalität gedeutet und kurz als *Tantra* bezeichnet. Diese Auffassung hat mit dem ursprünglichen hinduistischen Tantrismus eher wenig gemeinsam. Die westliche Tantra-Praxis wurde besonders von dem Inder Rajneesh (Bhagwan bzw. Osho) gelehrt. Vgl.: Gasper, H.; Müller, J.; Valentin, F.; a.a.O., S. 1031 – 1034.

Tarotkarten: Karten und Legetechniken, die als Spiel, Symbol oder Orientierungshilfe genutzt werden können. Literaturhinweis: Fiebig, J. und Bürger, E.: Tarot – Spiegel Deiner Möglichkeiten. - Bonn: Verlag Kleine Schritte, 1986.

Theosophie: Bedeutende Vertreterinnen und Vertreter waren Helena P. Blavatsky (1831–1891), Wilhelm Hübbe-Schleiden (1846 – 1916), Franz Hartmann

(1838 – 1912) und Alice Bailey (siehe oben). Ziele der Theosophie: Bildung einer überkonfessionellen Bruderschaft der Menschheit, Studium der östlichen Religionen, Studium des Okkultismus. Verschiedene amerikanische Esoterik-Gruppen, z.b. die I-AM-BE-WEGUNG (siehe oben), haben sich aus der Theosophie entwickelt. Vgl.: Gasper, H.; Müller, J.; Valentin, F.; a.a.O., S. 1056 – 1061.

Thich Nhat Hanh: Buddhistischer Mönch und Friedensaktivist, lebt in der Gemeinschaft PLUM VILLAGE in Frankreich. Literaturhinweis: Thich Nhat Hanh, Umarme Deine Wut. - Berlin: Theseus Verlag, 1990.

Transzendentale Meditation (TM): Richtung und gleichzeitig Meditationstechnik von Maharishi Mahesh Yogi (bürgerlicher Name: Mahesh Prasad Varma), geb. 1918, indisch geprägtes Weltbild; nach Ansicht der Anhänger gibt es einen *Maharishi-Effekt*, wenn 1% der Bevölkerung die TM übt: Es soll dann zu weniger Straftaten u.ä. kommen. Vgl.: Gasper, H.; Müller, J.; Valentin, F.: a.a.O., S. 1086 – 1089.

UFO-Glaube: In verschiedenen Gruppen ist der UFO-Glaube anzutreffen, z.b. bei Fiat Lux (siehe oben), im Universellen Leben (siehe unten) und in den Gruppen der Ashtar-Command-Bewegung (siehe I-AM-Bewegung). Literaturhinweise zum Thema: (1) Fraude, C. A. (Hrsg.), Ashtar – Stimmen von oben. - Zürich: Selbstverlag, 1988. (2) Christallina, Kontakte zu Außerirdischen, Extertal: Verlag Pegasos LIGHT, 1995. Eine Bewertung der genannten Richtungen finden sich unter: Evangelischen Informationsstelle: Kirchen – Sekten – Religionen, Internetveröffentlichungen: http://www.ref.ch/zh/infoksr/Sekte.html

UFOlogie: Beschäftigung mit Ufo-Phänomenen.

Universelles Leben: früher HEIMHOLUNGSWERK CHRISTI, Gründerin Gabriele Wittek (geb. 1933), sie sieht sich als *Prophetin der Jetztzeit*, Lehre wurde beeinflußt durch die TRANSZENDENTALE MEDITATION (siehe oben). Die Vereinigung entwickelt eigene Auslegungen der christlichen Lehre. Eine Bewertung der genannten Richtungen findet sich bei der Evangelischen Informationsstelle: Kirchen – Sekten – Religionen, Internetveröffentlichungen unter: http://www.ref.ch/zh/infoksr/Sekte.html

Vereinigungskirche: Wird auch als MUN-SEKTE bezeichnet, Gründer San Myung Mun (geb. 1920, bürgerlicher Name: Yong Myung Mun). Die Lehre enthält taoistische, schamanische, spiritistische und christliche Elemente. Findet aufgrund von Massenhochzeiten in den Medien einige Beachtung. Literatur: Young Oon Kim, Die göttlichen Prinzipien, Studienführer, Frankfurt a.M.. - 1963; Gasper, H.; Müller, J.; Valentin, F.: a.a.O., S. 1115.

Volkstempler-Sekte: Am 18.11.1978 starben 912 Menschen in Guayana, Führer: James Warren Jones (1931–1978), genannt: Jim Jones, gemeinsamer Selbstmord/ Mord. Beginn der Bewegung in den USA, Einsatz für antirassistische Ziele, später nur noch typische Sektenthemen: Gehorsam, Sexualität, Strafen. Vgl.: Mandau, L.: Tödlicher Sektenwahn, München: Bettendorf, 1995.

Yoga: Unterteilt sich in Hatha-Yoga (Körperübungen), Bhakti-Yoga (Yoga der Liebe zu Gott), Karma-Yoga (Yoga der Pflichterfüllung), Jnana-Yoga (Yoga der Erkenntnis) und Raja-Yoga (Yoga der Versenkung). Ziel ist das Samadhi, die Vollendung der Meditation. Die Yoga-Techniken des Hatha-Yoga sind im Westen mittlerweile anerkannt als eine Bewegungstherapie. Die verschiedenen Yoga-Elemente sind von etlichen esoterischen und spirituellen Organisationen in ihre jeweilige Lehre aufgenommen worden. Ich habe mich mit dem Yoga-Konzept der Yogaschule Heinz

Grill beschäftigt. Literaturhinweis: Grill, H.: Yoga. - Lampoding: Anandaya-Verlag, 1980.

Zazen: Sitzpraxis in der Tradition des Zen-Buddhismus.

Zen: Eine Schule innerhalb des Buddhismus mit relativ strenger Sitzpraxis. Literaturhinweis: Cleary, Thomas, Zen essence. - Boston, 1989.

ANHANG

ELTERN- UND BETROFFENENINITIATIVEN, KIRCHLICHE BERATERINNEN UND NICHT-KIRCHLICHE SEKTENBERATUNGSSTELLEN IN DEUTSCHLAND

(Alphabetisch nach Städten geordnet)

- Dr. Hermann-Josef Beckers, Klosterplatz 7, D-52062 Aachen, Fon: 0241/ 452419-374

- Dipl.theol. Hubert Kohle, Beratungsstelle für Religions- und Weltanschauungsfragen der Diözese, Postfach 10 19 09, D-86009 Augsburg, Fon: 0821/ 3152-211, Fax: 0821/ 3152-228

- Pfr. i.R. Dr. Karl-Wilhelm Berenbruch, Beauftragter der Ev. Landeskirche Anhalts, Allee 23, D-06493 Ballenstedt/ Harz, Fon: 03948 / 38 03 18

- Pater Klaus Funke OP, Dominikanerkloster St. Paulus, Oldenburger Str. 46, D-10551 Berlin-Moabit, Fon: 030/ 3957097-8, Fax: 030/ 396 21 77

- Eltern- und Betroffeneninitiative gegen psychische Abhängigkeit – für geistige Freiheit Berlin e.V. – EBI, D-14165 Berlin-Zehlendorf, Heimat 27, Fon: 030/ 818 32 11

- Pfr. Thomas Gandow, Provinzialpfarrer für Sekten- und Weltanschauungsfragen der Ev. Kirche in Berlin-Brandenburg, Heimat 27, D-14165 Berlin-Zehlendorf, Fon: 030/ 815 7040, Fax: 030/ 815 47 96

- SEKTEN-INFO Bochum: Verein für Jugend und Sozialarbeit, 44809 Bochum, Fon: 0234/ 578 156

- Arbeitskreis Sekten-Okkultismus-New Age, Evangelisches Jugendbüro, Adenauerallee 37, 53113 Bonn, Fon: 0228/ 2679656-54

- Sektenberatung Bremen e.V., Postfach 101543, D-28015 Bremen, Fon und Fax: 04205/ 1609

- Pfarrer Joachim Keden, Beauftragter der Ev. Kirche im Rheinland, Rochusstr. 44, D-40479 Düsseldorf, Fon: 0211/ 361 02 46, Fax: 0211/ 361 02 23

- Dipl. theol. Klaus Gerhards, Postfach 1428, D-45004 Essen, Fon: 0201/ 2204-280

- SEKTEN-INFO Essen e.V., Rottstr. 24, 45127 Essen, Fon: 0201/ 23 46 46 oder 48

- SINUS-Sekten Information und Selbsthilfe, Herr Einmuth, Frau Christ, Saalgasse 15, 60311 Frankfurt a. Main, Fon: 069/ 285502

- Dipl.theol. Albert Lampe, Rektorat Sekten-Weltanschauungsfragen, Okenstr. 15, D-79108 Freiburg/Brsg., Fon: 0761/ 5144-136 Fax: 0761/ 5144-255

- Baden-Württembergische Eltern- und Betroffenen-Initiative zur Selbsthilfe gegenüber neuen religiösen und ideologischen Bewegungen – EBIS e.V., Postfach 30, D-72663 Großbettlingen, Fon: 07022/ 42411, Fax: 07022/ 47559

- Landespastor Dr. Matthias Kleiminger, Hansenstr. 5, D-18273 Güstrow, Fon: 03843/ 68 39 64

- Pastorin Dr. Gabriele Lademann-Priemer, Beauftragte der Nordelbischen Ev.-Luth. Kirche, Sprengel Hamburg, für Weltanschauungsfragen, Kreuslerstr.6, D-20095 Hamburg; Fon: 040/ 327 848, Fax: 040/ 337 174

- Niedersächsische Elterninitiative gegen Mißbrauch der Religion e.V., Geschäftsführer: Pastor W. Knackstedt, D-30169 Hannover, Archivstr. 3, Fon: 0511/ 124 14 52, Fax: 0511/ 12 41 941

- Dr. Ralf Geisler, Arbeitsstelle für Religionen und Weltanschauungsfragen der Ev.-luth. Landeskirche Hannovers der Ev.-luth. Landeskirche Hannovers, Postfach, D-30169 Hannover, Fon: 0511/ 1241 452, Fax: 0511/ 1241 941

- Arbeitskreis Sekten e.V. Herford – Verein zur Bekämpfung geistiger und seelischer Abhängigkeit c/o Diakonisches Werk, Auf der Freiheit 25, D-32052 Herford, Fon: 05221/ 599 857 Fax: 05221/ 599 875

- Dipl. Päd. Marion Hiltermann, Referat Sekten und Weltanschauungen, Bischöfl. Generalvikariat, Domhof 18–21, D-31134 Hildesheim, Fon: 05121/ 307-323/324, Fax: 05121/ 307 488

- EBI-Kontaktstelle, Dipl. Theol. Winfried Müller, Fuchslöcherstr. 8, D-07749 Jena, Fon: 03641-448503 Fax: 03641-826414

- Akademiedirektor Pfr. Dr. Badewien, Beauftragter für Sekten- und Weltanschauungsfragen der Ev. Landeskirche in Baden, Postfach 2269, D-76010, Karlsruhe, Fon: 0721/ 93 49 290, Fax: 0721-93 49 293

- Pfr. Eduard Trenkel, Beauftragter der Ev. Kirche von Kurhessen-Waldeck für Sekten-, Weltanschauungsfragen, Wilhelmshöher Allee 330, D-34131 Kassel, Fon: 0561/ 9378-243, Fax: 0561/ 9378 424, E-Mail: ekkw.sekteninfo@t-online.de

- Dipl. Theol. Werner Höbsch, Marzellenstr. 32, D-50668 Köln, Fon: 0221/ 1642-313

- Eltern- und Betroffeneninitiative gegen psychische Abhängigkeit – Sachsen e.V., Heinrichstr. 11, D-04317 Leipzig, Fon: 0341/ 689 15 90, Fax: 0341-689 48 59

- Pfarrerin Ingrid Dietrich, Beauftragte der Ephorie Leipzig West der Ev.-Luth. Landeskirche Sachsens, Giordano-Bruno-Str. 1, D-04249 Leipzig, Fon: 0341/425 04 87, Fax: 0341-425 04 86

- Elterninitiative zur Wahrung der geistigen Freiheit e.V., Geschwister-Scholl-Str. 28, D-51377 Leverkusen, Fon: 0214/ 583 72

- Elterninitiative in Hamburg u. Schleswig-Holstein zur Hilfe gegen seelische Abhängigkeit und Mißbrauch der Religion e.V., c/o Pastor D. Bendrath, D-23554 Lübeck, Westhoffstr. 80, Fon: 0451/ 447 86 (auch Fax)

- Kaplan Gerald Kluge, Wettinstr. 15, 01662 Meißen, Fon: 03521/ 46 96 14, E-Mail: GerKluge@aol.com

- Elterninitiative zur Hilfe gegen seelische Abhängigkeit und religiösen Extremismus, (EI) e.v., D-80079 München, Postfach 100 513, Fon: 089/ 559 56 10 und Fax: 0831/ 69306 und 089/ 559 5613

- Pfr. Dr. Wolfgang Behnk, Beauftragter für Sekten- und Weltanschauungsfragen der Ev.-Luth. Kirche in Bayern, Marsstr. 19, D-80335 München, Fon: 089/ 559 5610 Fax: 089/ 5595613 und 089/ 313 77 85

- Brigitte Hahn, Seelsorgereferat, Rosenstr. 16, D-48143 Münster, Fon: 0251/ 495-449 und 307

- Dipl.theol. Ludwig Lanzhammer, Obstmarkt 28, D-90403 Nürnberg, Fon: 0911/ 204 337, Fax: 0911/ 224 989

- Pfr. Bernhard Wolf, Beauftragter der Ev.-Luth. Kirche in Bayern für religiöse und geistige Strömungen, Neuendettelsauer Str. 4/II, D-90449 Nürnberg, Fon: 0911/ 678 578, Fax: 0911/ 685 682

- Aktion Jugendschutz, Sektenberatung, Am Wasserturm 11, 66953 Pirmasens, Fon: 06331/ 3468

- Aktion Bildungsinformation e.V. (ABI), Alte Poststr. 5, D-70173 Stuttgart, Fon: 0711/ 299 335, Fax: 0711/ 299 330

- Pfr. Dr. Rüdiger Hauth, Beauftragter der Ev. Kirche von Westfalen für Sekten- und Weltanschauungsfragen, Röhrchenstr. 10, D-58452 Witten, Fon: 02302/ 91010-113 oder 02335/ 3584 Fax: 02302/ 9101010

- SEKTEN-INFO Witten, S. Eilhardt, Herbeder Str. 43, 58455 Witten, Fon: 02302/ 2 50 60

- ÖSTERREICH Gesellschaft gegen Sekten- und Kultgefahren, A-1020 Wien/Österreich, Obere Augartenstr. 26-28, Fon: 0043/ 33 27 537

- SCHWEIZ SADK – Schweizerische Arbeitsgruppe gegen destruktive Kulte, Postfach 18, CH 8156 Oberhasli, Fon: 004171/ 756107

- INFOSEKTA, Informations- und Beratungsstelle für Sekten und Kultfragen, Schweighofstr. 420, CH-8055 Zürich, Fon: 00411/ 451 52 52 Fax: 00411/ 4515254

ANHANG

HILFE FÜR SEKTENAUSSTEIGERINNEN UND -AUSSTEIGER

- Odenwalder Wohnhof e.V., Postfach 1348, 74712 Buchen – Betreutes Wohnen für SektenaussteigerInnen, `http://www.members.tripod.com/wohnhof/index.htm`

Anhang

Hilfe für Menschen mit aussergewöhnlichen Erfahrungen

- Ambulanz des Psychologischen Institutes der Universität Freiburg, Belfortstr. 18. 79 098 Freiburg, Fon: 0761/ 20 7 21 – 52

- SEKTEN-INFO Essen e.V., Herr Gilbrich, Herr Müller, Rottstr. 24, 45127 Essen, Fon: 0201 / 23 46 46 oder 48

ANHANG

INTERNET-LINKS

Ausstiegsberatung Dieter Rohmann, München: http://www.kulte.de/

Bürger beobachten Sekten: http://www.bbs-wertheim.de/

Religio: http://www.religio.de/

Evangelische Informationsstelle: Kirchen-Sekten-Religionen: http://www.ref.ch/zh/infoksr/

Pfarramt für Sekten u. Weltanschauungsfragen der Evang. Kirche in Berlin-Brandenburg: http://www.ekibb.com/seels/sekten/index.htm

Evangelische Zentralstelle für Weltanschauungsfragen: http://www.ekd.de/ezw/info.html

Ökumenische Beratungsstelle Religiöse Sondergruppen und Sekten: http://www.staedte.ch/lu/beratungsstellen/sekten/

Resource Center for Freedom of Mind, Steven Hassan: http://www.shassan.com/

Satz: Winfried Müller
Umschlaggestaltung: Anja Maiwald
©IKS Garamond